Richard Christ
Küstenspaziergänge

Richard Christ

Küsten-
spaziergänge

HINSTORFF

Für Eva

INHALT

Erster Spaziergang

Warnemünde durch zwei Jahrhunderte

Warnemünde? Vor mir nichts als ein Stoß vergilbter Zeitungsausschnitte („Das Baden in der Ostsee ist das hauptsächliche Motiv, weshalb so viele Warnemünde aufsuchen."), auch einige Dutzend verblaßter bräunlicher Fotos, ein paar Chroniken. Wollen wir das ordnen, um uns ein Bild zu machen? Ein Bild des Ostsee-Badeortes mit seiner Silhouette: Teepott, Leuchtturm, Hotel „Neptun" …

In den ältesten Papieren findet sich nichts davon. Ein Fischernest mit einem verlassen liegenden Strand. Die älteste Quelle, die ich finden kann, datiert um 1800. Das ist Warnemünde, ein Dörfchen von ein paar Hundert Seelen. Fischer, Matrosen. Deshalb ist niemand am Strand zu sehen. Hätte man je von einem Fischer gehört, der freiwillig ins Wasser steigt? Und Nichtschwimmer sind bekanntlich die besten Matrosen. Zwischen den wenigen Katen laufen die Fischersfrauen in langen Röcken und Kopftüchern. Nicht vorstellbar, daß sie sich nackten Leibes in die Sonne legten, die Moral des Mecklenburger Feudalismus ließe es nicht zu. Außerdem sind die Frauen beschäftigt. Einige schleppen Bottiche mit Meerwasser zu einem Dünenhäuschen, andere unterhalten ein Feuer, füllen drei Wannen. Uniformierte treiben sich herum: Franzosen. So ist das: Napoleon verdanken die Warnemünder ihre erste Badeeinrichtung. Laut Befehl aus Rostock gebaut, nicht etwa freiwillig. Und die ersten Badegäste zahlen nichts, im Gegenteil, sie wollen kostenlos versorgt sein. So beginnt die Geschichte des nachmalig berühmten Seebades Warnemünde als eine am Rande der napoleonischen Kriege angesiedelte Anekdote.

Die Zeiten ändern sich. Napoleon ist abgezogen. Jetzt zeigt sich, daß die Binnenländer mehr vom Meer halten als die Leute von der Waterkant. Zumal ja der „Medizinische Kalender für Ärzte und Nichtärzte auf das Jahr 1815" Warnemünde als „sicheren Badeort" empfiehlt: Man ertrinkt dort nicht, angeblich. Einzelne Rostocker Familien spazieren auf den Dünen. Herren wagen sich, in Untergarderobe, ins Wasser, wo es sehr flach ist. Die Damen halten sich züchtig abseits. Alles ist unbequem, der Anmarsch durch den Sand, das An- und Ablegen der geknöpften, verschnürten, verzierten Kleidung mit all ihrem Zubehör, wie es sich für die modebewußte Bevölkerung zwischen Biedermeier und Empire schickt. Die Ärmsten, wie sie da einbeinig im Sand balancieren und Verrenkungen ausführen, um sich zur Hälfte wenigstens ihrer Hüllen zu entledigen – nein, eine Erholung ist das nicht. Am umständlichsten ist die Anreise ins Bad. In den Fischerhütten, wo man sich einmietet, fehlt auch die geringste Bequemlichkeit. Alles muß aus Rostock mitgebracht werden. Die Unterwarnow, den Breitling herunter treiben hochbeladen die Boote mit Hausrat, Möbeln, Bettzeug. Heiliger Klabautermann, einer bringt tatsächlich sein Klavier mit! Aber es rutscht, ist schlecht verzurrt und geht über Bord! Schifferfäuste retten es aufs Land, wo es zum Trocknen aufgestellt wird. Ob das Meeresbad gut ist für den Klang?

Um das Jahr 1800, so entdecke ich in den Quellen, hielt sich die Frau des Rostocker Kaufmanns Vöge badend in Warnemünde auf, andere Quellen führen als den ersten namentlich bekannten Badegast einen Forstinspektor aus Rövershagen samt Familie an, einen gewissen Herrn Becker. In Warnemünde übrigens kein Unbekannter; schon zur Jahrhundertwende hat er bei Pflanzversuchen in den Dünen mitgeholfen, der badelustige Förster. 1817 jedenfalls ist er nicht mehr allein am Strand. Auch aus Güstrow und Schwerin kommen Gäste. Es spricht sich herum, Warnemünde ist empfehlenswert, das benachbarte Doberan bekommt Konkurrenz. Hundert Gäste, zwei-, drei-, fünfhundert schon. Weiter abseits, nach Rosenort zu, lagerten sich tatsächlich schon Natur- und Sonnenanbeter nackt in einer Sandkuhle. Wir sollten die Mutigen bewundern als FKK-Pioniere, die ihrer Zeit um anderthalb Jahrhunderte voraus waren, Revolutionäre des Badewesens.

Schon sechshundert Badegäste im Jahr 1820. Offenbar erkennt der Ort allmählich seine Chance und Bestimmung, in Zukunft von der Meeresbesessenheit der weiter landeinwärts Siedelnden zu profitieren. Seltsame Gebilde sind am Strand zu erblicken, in den Sand gesteckt – sogenannte Kreuzstöcke. Daran kann der Gast seine Kleidung aufhängen, wenn er dafür zahlt. Kinder machen sich am Strand nützlich, sie vermieten Laken und Fußeimer. Für ein paar Münzen trocknen sie den Badenden auch ab. Weil es aber nicht angenehm ist, nackt und frierend im Nordwind zu stehen, werden auch Strandbuden aufgestellt, kreuzförmig angeordnete vier Bretter, in deren vier Winkeln sich vier Personen umkleiden können. Männliche selbstverständlich. Manche Gäste bevorzugen mehr den Badekarren, der sich bis ans Wasser heranschieben läßt.

Ein kurzer Seesteig wird gebaut. Eine wacklige Angelegenheit. Und wieder nur für Herren. Die Damen, in knöchellangen Gewändern und Stiefelchen, müssen sich ein Stück hin durch die Dünen quälen, wo ihnen ein Abschnitt zugewiesen ist. Zur ersten Meeresbadeanlage gesellt sich dort, wo die Franzosen planschten, das erste Warmbad. Drei Restaurants gibt es schon in Warnemünde, zwei Ärzte. Eine Kapelle, die den Gästen aufspielt.

Aber es geht nicht nur ununterbrochen aufwärts. 1859 ist mit einem Mal der Strand wie leergefegt, trotz des Hochsommers. Gedränge an der Friedhofsmauer jeden Tag bei Sonnenuntergang. Es wütet die Cholera, auch unter den Badegästen. Hundert von ihnen bleiben auf ewig in Warnemünde. Doch der Ort erholt sich schnell. Zumal das Baden im Meer mittlerweile die Aufmerksamkeit der Mediziner erregt. Neue

Wissenschaftszweige sind entstanden: Balneographie, Balneologie, Balneotherapie, Balneodiätetik, Balneotechnik. Den gründlichen Forschungen der Badeärzte (die bald ihren ersten Kongreß abhalten, ihre erste Zeitschrift herausgeben) können Badegäste wertvolle Hinweise entnehmen. Zum Beispiel, daß kaltes Wasser einen „choc" bewirkt: „Der Vollsaftige und Fette ist gegen diesen ersten Eindruck unempfindlicher." Oder: „Die Bäder des Herbstes wirken kräftiger als die des Sommers ..., ein Herbstbad wiegt zwei Sommerbäder auf."

Grundlagenforschung hat auch folgende Erkenntnis gebracht: „Die Lungen athmen hier [in Warnemünde] Seeluft, mit welcher die Landluft sich vermischt. In welchem Mengenverhältnis diese Mischung besteht, ist wegen der Unbeständigkeit der Winde etc. nicht zu ermitteln." Und die vielleicht wichtigste balneologische Entdeckung: Meeresbaden hat „stimulierende Wirkung auf das Sexualsystem beider Geschlechter", und zwar vergleichbar – der Wirkung des Lebertrans!

Warnemünde tut einiges für die Leute, die das Geld bringen. Abends promenieren sie, ohne zu stolpern, durch die Straßen, dreiunddreißig Petroleumlampen sind auf Holzpfählen befestigt. Man kann jetzt auch in einem Hotel absteigen. Eine neue Kirche wird gebaut. Zum Glück sind die Urlauber alle schon abgereist, als sich die Einheimischen bei der verheerenden Sturmflut von 1872 ins soeben vollendete Gotteshaus flüchten müssen.

Und jetzt – das Bild eines wahrlich großen Augenblicks in der Geschichte des Badewesens – der erste Strandkorb! Eine Revolutionierung des Strandlebens setzt ein. Man wird tagsüber ansässig zwischen Düne und Meer. Ein neuer Stil. Er wird bald in Ge- und Verbote gefaßt. Warnemünde hat seine erste Badeordnung. Ab jetzt geht's korrekt zu. Und was lesen die Herrschaften, die im Strandkorb sitzen? Den ersten Badeanzeiger, Jahrgang 1894. Denn es geht längst nicht mehr nur um Erholung, Sonnen- und Meerbaden, sondern ums Renommee. Wer es sich leisten kann, an die See zu reisen, will damit auch protzen.

Die gute alte Zeit mit ihren Badesitten. In der erneuerten Seebadeanstalt stehen jetzt hundert Kabinen für Herren und fast ebensoviel für Damen zur Verfügung. Schlechte Zeiten für Spanner: Trennwände verhindern jeden lüsternen Blick. Trotzdem sind den Fotografen Bilder gelungen. Da steigt eine Dame vorsichtig die leinwandbezogene Treppe hinunter. Zuerst saugt sich das unterm Knie gerüschte Beinkleid voller Wasser, dann die gegürtete Bluse. Man trägt Wolle, nicht Leinen, davon raten die Ärzte ab, weil es sich zu fest an die Glieder schmiegt und die Bewegung behindert. Die Badenymphe hält sich an einem der Taue, die zwischen den Pfählen gespannt sind. Ängstlich gibt sie acht, daß ihr blumenverziertes Häubchen nicht ins Wasser eintunkt. Aus der Kabine nebenan tritt eine besonders Mutige, sie trägt einen Badeanzug aus Flanell, knielang mit Zwickel. Auf sie trifft zu, was ein Warnemünder Chronist beschreibt: „Der im Wasser ohnehin unbehülfliche Körper hat gegen die plötzlichen Überschüttungen einen Kampf nöthig, wozu er aller Muskelkraft bedarf: die unvermutete Gefahr macht ihn immer entschlossener, gegen die Wellen zu kämpfen, je öfter diese ihn umreißen und fortschleudern. Der Geübtere, taub gegen den eigenen gellenden Schrei, stürzt sich jeder neuen schäumenden Woge beherzt entgegen …"

Da drüben im Herrenbad, der könnte ihr Gatte sein, auch er der Zeit voraus mit seiner Schwimmhose. Bloß – schwimmen können offenbar die wenigsten, alle klammern sich an den Seilen fest, sobald etwas Brandung aufkommt. Eine üppige Mittvierzigerin, die das Treppchen herunterwuchtet im spitzengeschmücken bestickten Badehemd, verschwindet sofort in ihrem Separatverschlag. Sie ist gänzlich für sich, und eine Begegnung mit dem Personal braucht sie ohnehin nicht zu fürchten: Dienstboten, steht auf einer Holztafel, dürfen nur nachmittags zwischen zwei und drei baden – zu der Zeit ruht die Herrschaft gewöhnlich. Deren Vormittag gestaltet sich so: „Morgens zwischen sieben und zehn Uhr, selten früher oder später, nachdem die gewöhnliche Herzstärkung, Kaffee, Thee, Cacao und etwas Brod genossen ist, gehen die Badelustigen langsam zu den Anstalten: schwache Damen lassen sich fahren. Man erholt sich eine Weile oder ruht, stehend, hin und her gehend, plaudernd oder dem Baden Anderer zusehend, und wartet so eine freie Bude ab. Dieser habhaft entkleidet man sich mit bequemer Langsamkeit, läßt sich von hinten ein Badelaken über die Schultern und den übrigen Körper geben; geht, sobald man sich nicht mehr echauffirt, – beim Legen der Hand auf die Herzgegend kein ungewöhnliches Pochen fühlt –, langsam auf den Badesteg, übergibt dem Aufwartenden das Badelaken und stürzt sich in's Wasser, noch etwaige Schweißtropfen dem Meer überlassend."

Ob sich alle, die da im Wasser planschen, an die Vorschriften der Ärzte halten? Die Männer sollen „anstrengende geistige Beschäftigung … ebenso als völlige Untätigkeit des Geistes meiden. Die Damen namentlich dürfen sich nicht zu sehr durch Handarbeiten anstrengen oder dem Romanlesen hingeben …"

Was tut sich sonst im Ort um die Wende zu unserem Jahrhundert? Jetzt kommt Schwung ins balneologische Geschäft. Man muß den Gästen mehr bieten. Das Wasser zum Waschen soll endlich aus der Wand kommen und nicht mit dem Schiff von Rostock. Die Pension muß eine Veranda haben und Kanalisation. Die Ansprüche steigen. Die Konkurrenz drückt. Die Moral sinkt: Das Familienbad wird gebaut. In der Mitte zwischen Damen- und Herrenbad kann man sich von nun an, wenn auch nur halb an- oder ausgezogen, begegnen. Längst kommen die Leute mit dem Schiff, und nun auch mit der Eisenbahn angereist. Etwa fünfzehntausend im Jahr. Die wollen was erleben für ihr Geld. Auch nachts: Die Signale des neuerbauten Leuchtturms blitzen übers Wasser.

Badeanstalt, Tennis- und Golfanlagen sind verlassen, die Ausflugschiffe liegen vertäut am Kai, die Reitpferde stehen abgesattelt in den Ställen, die Segelregatta ist zu Ende, und auch die Kommandos dieser scheußlichen Exerziergymnastik, die ein ausgemusterter Feldwebel über den Strand brüllt, sind verhallt. Nun setzt das allabendliche Vergnügen ein. Vom Tanztee zum Bootskorso mit Feuerwerk. Zur Italienischen Nacht. Zum Billardspiel. Immer neue Zerstreuungen werden angeboten. Krocket. Aber der Himalaja allen Badevergnügens in Warnemünde – das ist das Kur-Hotel Berringer. Dort findet allwöchentlich die Reunion statt, die Zusammenkunft aller Gäste. Die keiner auslassen darf, der zeigen will, daß er sich Warnemünde leisten kann. Es genügt nicht, im Badeanzeiger zu stehen. Man muß beim Tanz gesehen werden, die Herren selbstverständlich in Abendgarderobe, schwarzer Rock ist erbeten, wenn der Großherzogliche Universitätskapellmeister die Polonaise eröffnet. Auch bei der Reunion ist man garantiert unter sich. Kinder und alle, die in „dienendem Verhältnis zu Curgästen stehen", bleiben ausgesperrt. Das Plakat am Eingang des Hotel Berringer lockt 1893: „Ein Sommernachts-Traum – Großes venetianisches Nachtfest und Doppelconcert des Großherzogl. Meckl. Füsilier-Regiments Nr. 90 in Uniform unter Leitung des Musikdirektors Herrn Lenschow. Große Schlachtmusik mit Kanonen-Donner und Feuerwerk. Bal champêtre – Große Überraschungen – Humoristika."

Ob die Herrschaften, die nach der Reunion durch den beleuchteten Ort, über die Promenade in die Pensionen und Hotels schlendern, das „Taschenbuch für Seebad-Reisende" gut studiert haben? Es heißt darin: „Man muß … alle erhitzenden Substanzen, den Wein in zu großer Quantität, den zu häufigen Genuß der Liebe, anhaltendes Nachtwachen vermeiden, sehr vegetabilische Speisen, Fische, Früchte, Milchspeisen genießen …"

Von der Hochkonjunktur der Sturz ins Bodenlose: 1914. Der Strand verwaist. Verblichen der Glanz langer Sommerabende. Alle Üppigkeit vom Kriege verschlungen. Die Herren reisen an die Front statt ins Bad, vier Jahre lang. Einem bekommt das wie eine Badekur. Viele Pensionen machen Pleite. Zumal die wenigen Gäste auch noch Rabatt beanspruchen. Denn der Ostseebäder-Verband hat durch Rundschreiben „um die Herabsetzung der Preise für Kalt- und Warmbäder, um den Erlaß der Kurtaxe und um sonstige Vergütungen für die erholungsbedürftigen Krieger gebeten".

Nach vier Jahren kehren die erholungsbedürftigen Krieger heim. Nicht alle. Das Leben geht weiter. Auch in Warnemünde, sogar mit wilden Zeiten: Ein Spielcasino! Im Hotel Stralendorf, dem heutigen Promenadenhotel. Es verschwindet bald wieder. Das Kurhaus, vor dem Krieg begonnen, liegt immer noch als Bauruine, zwei Stockwerke hoch. Niemand baut weiter, die Inflation hat begonnen. Ein Zimmer im Hotel Hübner direkt am Strand kostet 30 bis 80 Mark. Ein Mittagessen 50, die Vollpension ab 180 aufwärts. Kursteuer für zwei Wochen pro Person 50, das Seebad 3 bis 5 Mark. Das ist 1922 und erst der Beginn. Ein Maurer hat in dieser Zeit einen Wochenlohn von etwa 700 Mark. Badeurlaub nur noch für Schieber, Spekulanten, Kriegsgewinnler.

Das Jahr 1928 beschert zwei entscheidende Veränderungen in der Strandsilhouette. Beim Leuchtturm ist der Teepavillon entstanden, am anderen Ende das Kurhaus endlich fertig, fast zwei Jahrzehnte ist daran gebaut worden. Und wer lümmelt bald auf den Stühlen der Seeterrasse? Leute mit Hakenkreuzen auf den Ärmeln. Auf den Wimpeln der Promenade das gleiche Zeichen. Uniformen, immer weniger Zivil. Viele, deren Unsicherheit verrät, daß sie zum ersten Mal am Meer sind, wo sie Kraft durch Badefreude erwerben sollen. Bei der Reunion stehen sie draußen wie früher die Dienstboten.

Und wieder fällt Dunkelheit ein. Alle Lichter sind gelöscht. Sogar das Leuchtfeuer. Scheinwerfer tasten den Himmel ab auf der Suche nach Flugzeugen. Selbst am Tag ist nichts mehr zu erkennen, künstliche, der Tarnung dienende

Nebelschwaden wälzen sich über den Ort; wenn sie für Augenblicke aufreißen, sieht man die Fassaden, die früher weiß waren, olivgrün angestrichen. Überm Kurhaus liegt ein Tarnnetz. Kanonenrohre, Blitz und Qualm. Was übrigbleibt: versenkte Schiffe. Die Fischkutter sind alle verschwunden. Der Teepavillon ist abgebrannt, das Warmbad zerbombt. Kein einziger Badegast, aber Unmengen von Flüchtlingen. Mit dem Badeleben ist es vorbei, wenigstens für die nächsten zehn Jahre. Flüchtlinge wohnen in den Pensionen und Hotels. Mit den Brettern der Seebadeanstalt haben die Zwangsgäste ihre Notquartiere abgeteilt, und die Einheimischen heizen ihre Öfen damit. Ein großer Verlust? Wer will noch abschirmende Bretter im Meer und Haltetaue? Eine neue Zeit bricht an, neue Beziehungen verbinden die Geschlechter, neue Sitten, neue Bademoden, eine Epoche des Sports …

Als die Flüchtlinge abgezogen sind und nach ihnen auch die Arbeiter der Warnow-Werft die Quartiere freigemacht haben, zieht wieder Badeleben in Warnemünde ein. Nun kann ich genügend eigene Fotos beisteuern – mit Selbstauslöser aufgenommen in einem der fünf- oder sechstausend Strandkörbe. Ich bin überall gewesen, im neuen Meeresschwimmbad, in der Himmelsbar des „Neptun", an den Bühnen beim neuen Teepott während der Ostseewochen, und meistens am FKK-Strand vorm SED-Gästehaus Stolteraa, in dem sich wieder die neue Klasse breitmachte und noch mehr unter sich sein wollte als die feine Gesellschaft bei der Reunion im Hotel Berringer, das nun das Restaurant „Warnemünder Wappen" beherbergte. Vor allem habe ich als Badegast wie hunderttausend andere den Schiffen nachgestarrt, sehnsüchtig und hilflos und auch wütend, diesen Schiffen, die zu fernen Küsten unterwegs waren. Ohne unsereinen. Diese Gefühle werden auf ewig mit Warnemünde verbunden bleiben für die allermeisten seiner Badegäste in den letzten Jahrzehnten … Aber nun ist schon wieder eine neue Generation am Strand. Sie hört das Geräusch der Brandung nicht, weil Kopfhörer ihr die Ohren verschließen. Ein Quartier zu kriegen ist keine Schwierigkeit mehr. Und es gibt übergenug Kneipen, in jeder kriegt man Platz, kein Anstehen nach der Bockwurst. Aber das Beste: Wenn man von Warnemünde genug hat, kann man auf ein Schiff steigen und davonfahren, irgendwohin an andere Küsten, die große Freiheit hat begonnen. Reden wir wenigstens im Urlaub nicht davon, daß sie ihren Preis hat …

Binz oder
Der Wilde Osten

Ein Jahrhundertsommer – es honigen selbst die Zaunpfähle!
behaupteten die Imker. Unterm Augusthimmel, der seit Sie-
benschläfer keine Wolken kannte, jagten wir auf unseren
Rädern über schmale Feldwege zum Kanal. In langgezogenen
goldenen Rechtecken bis zum Horizont reifte der Weizen auf
den Feldern der Neubauern, warmer Wind fegte darüber, die
Grannen rieben sich raschelnd aneinander, Wellen liefen über
die weiten Schläge. Ich spürte Sehnsucht nach dem Meer.

Major fuhr als letzter, sein Fahrrad war am anfälligsten.
Itaker gab das Tempo an, ich hielt mich in der Mitte.

Itaker war im Krieg in Italien stationiert gewesen, er war
der Älteste von uns dreien, sein Haar wurde schon licht an
den Schläfen – daran sei der Stahlhelm schuld, versicherte er.

„Ich denke, du warst Fallschirmjäger", erkundigte sich der
Major, „seid ihr denn mit Helmen gesprungen?"

Itaker war zu seinem Glück nie gesprungen, man hatte ihn
dafür ausgebildet. Das schüttere Haar und ein paar italieni-
sche Floskeln waren ihm geblieben vom Mittelmeerland, wo
er für Führer und Duce hatte kämpfen sollen. Jetzt hob er die
Hand vom Lenker und rief über die Schulter: „Solchen
Himmel hatten wir monatelang am Golf von Salerno. Und il
mare! Ogni giorno!"

Major trampelte näher heran auf seinem quietschenden
Rad. „Was hat er gesagt?"

Ich drehte den Kopf aus dem Wind und schrie nach hinten: „Schwärmt von Italien."

Ich hatte kaum eine Vorstellung von Italiens Geographie,
ein Stiefel, der Stein davor Sizilien. Salerno? Major hatte ver-

mutlich auch keine Ahnung, er war im Krieg als Balten-deutscher mit seiner Familie heim ins Reich geführt worden, aus Lettland. Eines Tages, unser Jungzug war gerade angetreten, kam er als Neuer, größer als wir alle, also in die erste Reihe eingegliedert, ich stand als Kleinster in der letzten. Der Neue war schwer zu verstehen, sein Deutsch klang anders als unser anhaltisches Sächsisch.

Wir freundeten uns an. In dieser Zeit erhielt Major seinen Namen. Sein baltischer Großvater hatte uns eine lettische Geschichte erzählt, in der ein „Furzmajor" vorkam – wir konnten uns darunter nichts Genaues vorstellen, aber es gefiel uns.

Einmal, im letzten Kriegswinter, veranstalteten wir in unserem Jungvolkheim einen Kameradschaftsabend und luden Mädchen dazu ein, alle waren in Uniform. Eine Streife der Hitlerjugend hatte davon Wind bekommen. Kaum saßen wir gemütlich beisammen, eines der Mädchen hatte Napfkuchen gebacken, das Grammophon war angekurbelt, es gab nur eine Platte, „Ich fahr mit meiner Clara in die Sahara zu den wilden Tieren …" sang jemand mit Kopfstimme, da krachte etwas gegen die Tür. Ein Stiefelabsatz? Natürlich öffneten wir nicht. Als Pimpfe kannten wir unsere Pflicht: die Mädchen und uns verteidigen bis zum letzten.

Der Streifenführer brüllte: „Letzte Warnung, sofort aufmachen!" und trat wieder gegen die Tür. Der Dienstälteste von uns – ich weiß, er ist in den letzen Kriegswochen beim Abfeuern einer Panzerfaust umgekommen – nahm ein Luftgewehr. Alle folgenden Handlungen verflossen ineinander blitzschnell – einer drehte den Schlüssel und riß die Tür auf, das Luftgewehr, ein schweres Modell „Diana", wurde am Lauf gehoben, der Kolben krachte nieder.

Was keiner von uns drinnen wissen konnte – der Jungstammführer persönlich führte die Streife. Der Kolbenhieb hatte ihm die Brille zerschlagen. Nicht nur die Kurzsichtigkeit verunsicherte ihn beim Betreten des niedrigen Raumes, wo immer noch von Clara in der Sahara gesungen wurde. Alles sonst vorgeführte Zack-Zack war verflogen, anklagend hielt er die beiden Brillenreste uns entgegen und betastete eine blutende Stirnwunde.

Wir mußten die Jungvolkausweise vorzeigen. Am folgenden Wochenende wurden wir degradiert, vor angetretener Pimpfenschaft riß der Jungstammführer Major die schwarzgrüne Kordel ab und mir die rot-weiße.

Zum Strafdienst sind wir nicht mehr angetreten, weil die Amerikaner schon bald mit Artillerie über die Saale schossen und nach wenigen Tagen im Ort einrückten. Der Krieg war für uns zu Ende, den Jungstammführer sahen wir nicht mehr. Wir stahlen von den US-Jeeps die Supper- und Breakfast-Rationen und rauchten die ersten „Aktiven" Marke Camel statt der Selbstgedrehten. Färbten unsere Braunhemden schwarz, rissen von den Blusen der Winteruniform die Silberknöpfe ab und ließen unsere Mütter zivile Knöpfe annähen. So ausstaffiert, gingen wir zum Tanz, im Frühjahr spielte ein Akkordeon im ausgepumpten Löschwasserbassin, bald eröffnete der erste Tanzsaal unseres Örtchens.

Zu Major und mir stieß bald als dritter Itaker, vom Golf von Salerno kam er auf dem Umweg über Schlesien mit seinen Eltern; er war gelernter Friseur und schnitt uns kostenlos die Haare, nicht allzu oft, weil wir als Protest gegen den im Jungvolk verlangten Streichholzschnitt halsbedeckende Mähnen trugen.

In diesem zweiten oder dritten Nachkriegssommer hatten wir uns an den Frieden gewöhnt. Nachts konnten wir ohne Luftalarm durchschlafen, der Magen knurrte uns zu jeder Tageszeit, lange schon grüßten wir uns nicht mehr mit „Heil!" Itaker hatte den Friseurladen gewechselt, Major ausgelernt als Autoschlosser, er war Leuna-Pelzer geworden, und zwischendurch hatte er einer von den Russen kommandierten Demontagekolonne angehört. Ich war der einzige, der nicht verdiente, im Augenblick hatte ich Ferien.

19

Wir kamen am Kanalufer an, warfen die Räder ins Gras und schwammen ans andere Ufer. Später lagen wir in der Sonne und rauchten.

„Rauchen ist gut gegen Hunger." Eine von Itakers Kriegserfahrungen. Major und ich bestätigten. „Aber bißchen zu fressen wär' nicht übel", gab Itaker zu und ergänzte mit seiner Lieblingsfloskel: „Molto mangiare."

Nach einem genußvollen Lungenzug stieß er mit dem ausgeblasenen Rauch die Frage hervor: „Den ganzen Urlaub hier an diesem Rinnsal liegen?"

Ich hatte das wogende Weizenfeld vor Augen. „Meer wär' nicht übel."

„Nordsee, Ostsee, Südsee", zählte Major belustigt auf. „Der Iwan wird uns Freifahrtscheine geben …"

„Er wird euch was scheißen! Laßt euch lieber was einfallen. Wie wäre es mit Ostsee?"

„Die Fahrt kann ich nicht bezahlen", wandte ich ein.

„Mit's Fahrrad", schlug Itaker vor.

„Mit dieser Schrottmühle?" Major trat mit dem nackten Fuß gegen den klappernden Kettenschutz.

„Du als Autoschlosser wirst das Ding flottkriegen", ermutigte ich ihn. Der Gedanke an die Ostsee ging mir nicht mehr aus dem Kopf. Im Sommer davor hatte ich zum ersten Mal das Meer gesehen, mit einem Schulkameraden war ich nach Zingst gefahren. Eine Begegnung, wie ich heute weiß, für ein ganzes Leben. Was habe ich in diesem Leben, das sich zwischen heute und dem damaligen großen Sommer, von dem hier erzählt wird, abspielte, für herrliche Landschaften gesehen! Afrikanische Wüste, Dschungel Asiens, die furchteinflößenden Himalajas, Skandinaviens Fjorde, tropischen Regenwald, sibirische unendliche Taiga, ägyptische Oasen, Wasserfall-Wunder im Hochland von Ceylon, Seen umrahmt von den Sechstausendern in Kaschmir und wie vieles andere noch – die Begegnung von Zingst blieb doch einmalig. Die herbe Landschaft, die kalte unfreundliche See, ihr Wellenschlag, der selten abflauende Wind – diesen Landstrich bekommt man nicht geschenkt wie eine tropische Palmenküste, man muß sich in den rauhen Bedingungen immer wieder bewähren, lebt darin auf, weil man gefordert wird.

„Ein Zelt bräuchten wir", sagte Major.

„Drei Zeltbahnen habe ich, Heeresbestände", sagte Itaker, „wir brauchen aber vier, wenn wir zu dritt drin schlafen wollen."

„Die Tochter meines Meisters würde mir eine leihen, gegen paar Aktive." Major ging noch mal ins Wasser, Itaker und ich prüften, was wir alles noch beschaffen müßten.

Eins kam zum andern. An einem Augustmorgen schnallten wir die Rucksäcke auf die Gepäckträger, klinkten die Karabinerhaken der Feldflaschen in den Sattelfedern ein und fuhren los, dem Meer entgegen. Jeder seinem Meer. Itaker dachte wohl an den Golf von Salerno, Major wahrscheinlich an die Küste von Liepaja, ich natürlich an die Dünen von Zingst. Über unser Ziel waren wir einig, Binz mußte es sein. Von Binz auf Rügen sprachen alle, die die Küste kannten: In Binz herrschte die Wismut, es war das Wildwest der Zone!

Die Fahrt nach Norden wurde reich an abenteuerlichen Zwischenfällen. Noch im Heimatbereich, in Sichtweite der sechzehn Schlote von Leuna, riß Major die Kette. Fortwährend hatten wir Reifenpannen und mußten flicken. Wir fuhren in der bewährten Dreierformation, auf der rechten Seite der linken Autobahnspur. Der Verkehr war spärlich, das hohe singende Motorgeräusch des in Eisenach gebauten EMW hörte man über große Entfernung. Einmal hielt uns eine Polizeistreife an, erhob fünfzig Pfennig Strafe wegen Autobahnmißbrauchs. Als die Volkspolizisten hörten, wir wollten bis Binz, ließen sie uns weiterfahren: „Viel Spaß am Meer! Sauft nicht soviel Wismut-Schnaps!"

Wir durchradelten Westberlin, eine fremde Welt mit unbekannten Werbesprüchen. Unser Neid galt den Radfahrern, die uns mühelos überholten, sie lenkten blitzende Gefährte mit Gangschaltung. „Mit so 'ne Karre biste in der Hälfte der Zeit oben", knurrte Major einem Überholenden nach.

Wir suchten in der Ausfallstraße nach Norden, wo Buden dicht bei dicht standen, eine mit dem günstigsten Wechselkurs und ergänzten die Tabak- und Zigarettenvorräte.

Nach mehreren Nächten in Strohdiemen näherten wir uns der Küste. Die Sonne war bereits untergegangen, als wir Binz erreichten.

Durch den Ort schoben wir die Räder. Eine Gruppe von Männern kam uns auf der Hauptstraße entgegen. Sie sangen, was wir noch oft hören sollten in den nächsten Tagen: „Von der SAG Wismut kommen wir, saufen Wodka, Schnaps und Bier …"

Als sie unseren Konvoi erblickten, riefen mehrere: „Glück auf, Radfahrer zu Fuß!" Einer hob die Hand zu militärischem Gruß an ein nicht vorhandenes Mützenschild, der letzte drehte sich um, reckte den Arm und brüllte: „Heil Hitler!"

Itaker tippte sich an den Kopf und rief: „Molto pazzo! – Los in den Sattel, weg hier, damit das Zelt bald steht, bin hundemüde."

Wir waren mehrere Kilometer bei Seitenwind gefahren. Nun war zu entscheiden, wo wir das Zelt aufschlagen sollten. Den Zeltmast hatten wir vorsorglich in einer Mecklenburger Schonung geschlagen mit den Fahrtenmessern, die Major und ich noch aus der Pimpfenzeit hatten. BLUT UND EH-RE stand auf der Klinge, aber das Hakenkreuz im weiß-roten Rhombus hatten wir aus den schwarzen Griffen herausgeschlagen, vorsichtshalber. Denn die Iwans konnten stinkwütend werden, wenn sie ein Hakenkreuz erblickten. Ich hatte es erlebt, im Ort vor unserem Tanzlokal.

Ein Russe kam auf dem Rad die Straße herunter, er war Radfahren nicht gewohnt, unsicher hielt er den Lenker oder sich am Lenker. Plötzlich nahm er hart Rücktritt, warf das Rad hin und rannte auf einen Mann zu, der einen abgewetzten Uniformmantel trug und eine Mütze – ich meine, eine

Gebirgsjägermütze, langes Schild, das Hoheitszeichen war gewiß nicht mehr dran, wahrscheinlich der ausgebleichte Fleck im Umriß des Adlers. Der Russe riß dem Heimkehrer die Mütze vom kahlen Schädel, warf sie tief ins Gebüsch, rief „Du – Faschist!", bestieg unsicher das vermutlich geklaute Fahrrad und fuhr weiter, ohne sich im Sattel umzudrehen, es war ihm wohl zu riskant. Der barhäuptige Mann holte gleichmütig die Mütze zurück, klopfte sie flüchtig ab und rief, während er sie aufstülpte, dem Russen nach: „Du – Arschloch!"

Auf Russen mußte man überall gefaßt sein, deshalb wunderte uns, daß der Mann auf der Hauptstraße den Hitlergruß geschrien hatte.

Major hatte den Kiefernstamm, unseren Zeltmast, an die Querstange des Rads gebunden. Wir waren ein eingespieltes Kollektiv, wie eine Zirkustruppe. Im Wald lehnten Major und ich unsere Gefährte gegen Bäume, Itaker schmiß den Rucksack vom Gepäckträger und stellte sein Rad auf Sattel und Lenkstange. Den Dynamo hatte er am Hinterrad befestigt. Er begann gleichmäßig die Pedale zu drehen. Im Lichtkegel des Scheinwerfers drückten wir den angespitzten Kiefernstamm in den weichen Waldboden. Die vier Zeltbahnen eingehängt, ein paar Aluheringe eingeschlagen mit einem Stein, fertig war unsere Bleibe. Wir krochen hinein, Major sagte noch: „Hört bloß mal, wie die Brandung rauscht …" Itaker murmelte: „Molto dormire. Morgen erobern wir Binz!" Dann schliefen wir ein in dem guten Gefühl, angekommen zu sein am Ort unserer Träume.

Nach dem Aufwachen wollten wir schwimmen. „Einer muß beim Zelt bleiben", entschied Itaker. Wir machten unser gewohntes Spiel: Major zählte bis drei, dann mußte jeder einen anschauen. Itaker fluchte: „Ihr verdammten Schweine, immer guckt ihr mich an!" – „Also bitte", sagte Major, „eine völlig freie Entscheidung – wirst du gezwungen, einen Bestimmten anzusehen?"

„Criminali", fluchte Itaker und blieb beim Zelt, während wir den Hang hinunterliefen zum Strand. Wir tobten uns im Wasser aus, die Brandung packte uns mit unwiderstehlicher Gewalt, hob uns hoch und warf uns um. Dann tauchten wir unter den anrollenden Wogen, ließen sie über uns hinwegbrausen und sahen ihnen nach, wie sie am Strand ausliefen. Als wir zur ersten Sandbank hinauskamen, reichte uns das Wasser bis zur Badehose.

„FKK kennen die hier offenbar nicht", rief der Major und deutete auf Gestalten in der Ferne, die ebenso wie wir Badehosen trugen. „Laß uns zurückgehen, sonst wird Itaker wütend."

Der saß beim Zelt, neben die Brotration hatte er einen Kochgeschirrdeckel mit Wasser gestellt. Stolz verkündete er, daß er in der Nähe eine Quelle gefunden habe: „Herrliches Wasser – das Beste zum Frühstück."

Wir kauten unser Brot, das Wasser half es hinunterschlukken, es schmeckte, wie Wasser nun mal schmeckt, Herrliches schmeckten wir nicht heraus, sagten aber nichts, um Itaker nicht zu betrüben.

Nach dem Frühstück machte Itaker den Vorschlag, das Zelt lieber am Strand aufzuschlagen. Wir könnten uns zum Sonnen danebenlegen, auch beim Schwimmen hätten wir es immer im Auge, die Räder könnten wir auf der Schattenseite zusammenschließen.

Die Übersiedlung dauerte den ganzen Vormittag. Bei der Ankunft im Dunkeln hatten wir bereits bemerkt, daß in unsrer Nachbarschaft ein anderes Zelt stand, aus zwei Bahnen spitzgieblig zusammengesetzt. Zwei Jungen schliefen darin, wenig jünger als wir. Sie sagten, sie wollten Ende der Woche abreisen, Binz sei ihnen zu laut, lieber höher hinauf, Richtung Dranske.

Als das Zelt endlich stand, das Aufstellen im Strandsand war mühseliger als auf dem Waldboden, legten wir uns in die Sonne. Bald wurde es Major langweilig, er erhob sich und schüttelte den Sand von den Gliedern. „Ich geh mal zur Quelle – hat noch jemand Durst?" Itaker und ich winkten ab, Major lief los. Ich ging noch einmal ins Wasser. Die Brandung war seit dem Morgen stärker geworden. Ich ließ mich von den Wellen landwärts tragen und lief immer wieder hinaus, bis mir kalt wurde. Die Arme schlenkernd, rannte ich den Strand entlang, bis ich trocken war. Mein Magen knurrte. Beim Zelt sagte Itaker: „Möchte wissen, wo Major sich rumtreibt. Zur Quelle braucht man von hier keine zehn Minuten."

„Vielleicht hat er 'ne flotte Badenixe getroffen? Die ihn zum Mittagessen einlädt!"

„Mittagessen wär' nicht übel." Itaker kroch ins Zelt. Er streckte die Hand durch den Zeltspalt mit zwei Selbstgedrehten, die er angeraucht hatte, draußen im Wind sprang kein Feuerzeug an. Wir rauchten. Itaker wies auf meine Schultern: „Paß auf, daß du keinen Sonnenbrand erwischst. Molto sole!"

Heute scheint mir, daß wir damals in diesem zweiten oder dritten Nachkriegssommer unbeschwerter lebten, als es uns heute möglich ist. Man legte sich in die Sonne, Sonnenöl gab es nicht, Wörter wie Lichtschutzfaktor ebenfalls nicht, auch keine Warnungen vor Hautkrebs. Man rauchte den übelsten Eigenbau ohne Angst vor Lungenkrebs. Man kam aus ohne Dutzende von Schlankheitsdiäten, alle hatten zu wenig zu essen und waren klapperdürr.

„Major kommt!" rief Itaker und zeigte auf den Waldsaum. Major machte schon von weitem heftige Zeichen den Hang hinauf.

„Gottverdammich", fluchte er und ließ sich in den Sand fallen, „Pieronje bei Gleiwitz, Kattowitz umsteigen! Mir ist vielleicht übel. Erst habe ich unten an der Quelle getrunken, dann dachte ich, steigst mal rauf und suchst, wo das herrliche Wasser herkommt."

„Und? Was war gewesen?" bohrte Itaker neugierig.

„Scheiße war gewesen. Wo das Wasser aus dem Berg kommt, liegt – ein verreckter Köter."

„Igitt!" Itaker schüttelte sich. „Und das haben wir gesoffen! Jetzt müßte man einen Wismut-Schnaps haben."

„Heute abend", entschied Major. „Aber ich hab als erster ein Anrecht darauf – ohne meine Forschungen würdet ihr euch jetzt noch die Pest ansaufen."

Wir machten für den abendlichen Ausgang das Anguck-spiel, bei „Drei!" starrten Major und ich Itaker an. Dann holten wir vor Sonnenuntergang die Ausgehmontur aus den Rucksäcken und schlenderten zur Strandpromenade. „Morgen bist du dran", rief ich Itaker zu.

Im Kurhaus befanden sich zwei Tanzgaststätten, über den Fenstern stand in roten Lettern MAZURKA und SERENADE. Lärm schwappte heraus, die Musik erkannten wir auf Anhieb: „In the mood" – Major meinte, hier seien wir richtig, aber der Türsteher der MAZURKA, er trug eine weiße Kapitänsmütze und einen blauen Rollkragenpullover mit aufgekrempelten Ärmeln, hob abwehrend die Arme, auf denen Anker tätowiert waren: „Voll wie 'ne Sardinenbüchse!"

„Für eine Flasche Wismut-Schnaps hätte der uns reingelassen", kommentierte Major unseren mißlungenen Versuch. Vor dem Rausschmeißer der SERENADE zog er eine Schachtel Aktive und bot sie dem Vierschrötigen an, der trug Pudelmütze und Ringelhemd. Er fingerte gleich drei „Turf" aus der grünen Schachtel, je eine steckte er sich hinter jedes Ohr, die dritte zwischen die Lippen, ließ sich Feuer geben und zischte: „Los, rein!"

Alle Stühle waren besetzt. Major drängte sich zur Theke durch und bestellte zwei Bier, ich zwängte mich nach. Auch hier spielte eine Kapelle. Ein Wismutkumpel taumelte auf Major zu. Er sang laut zur Musik: „Hei Barberiba …" Dazu schwenkte er sein volles Glas. Es sah aus, als schleudere er ein dünnes gelbes Lasso aus seinem Glas auf Majors Sakkoärmel. Der schüttelte sich und überschrie die Musik: „Gottverdammter Saftkopp – sauf dein Bier lieber aus, statt es einem Pelzer auf den Frack zu kippen!"

Ich schaute mich nach einer Möglichkeit um, unsere vollen Gläser abzustellen, weil ich annahm, der Wismutkumpel werde ausholen. Statt dessen aber sah er am Major hinauf, schob die Schirmmütze in die Stirn und rief: „Mensch, Kumpel, nischt for unjut, dette Bier is so mickrig, det kann sich nich von allene in't Jlas halten. Habt ihr ooch so ne Grotewohl-Pisse? – Na, haltet ma her, kleene Entschädjung for die Dusche."

Aus seinem Uniformrock holte er eine Flasche und zog den Korken. Major und ich tranken unsere Gläser zum Viertel leer, das Bier schluckte sich wie Wasser. Er goß unsere Gläser bis zum Eichstrich voll. „Stoßt an, eh's dunkel wird!" rief er.

Das Gemisch war höllisch stark. „Alles nur übles Gerede über unsern Schnaps", beruhigte uns der Kumpel, der sich Herbertl nennen ließ. „Da müßte die halbe Wismut schon blind sein, wir saufen das ja täglich. Zehn Etiketten werden gegen einen Blindenhund umgetauscht!" Er schüttelte sich vor Lachen und trank sein Glas leer, bevor er es mit Schnaps aus der Flasche auffüllte. „Alles halb so wild. Ik bin Baliner, hört ihr ja wohl. Bis vorm halben Jahr Antifa-Lager beim Iwan. War die einzige Möglichkeit, bessere Rationen zu fassen. Aber entlassen wollten sie mich nicht nach Wedding. Ha'k mir jedacht, Herbertl, jeh nich zu Schmiedel, wenn Schmied is im Dorf – also Wismut, die enzje Kläje, wo et jenüjend Moos gibt. Und Quartalsprämien, die sich jewaschen haben, wenn die Produktion stimmt. Freßpakete außerdem. Der Iwan braucht unser Uran für seine Atombomben, versteht ihr? Er will den Wettlauf mit den Amis gewinnen. Die Zone, hört man, ist der größte Uranproduzent, nach den Amis und den Kanadiern. Und wir kratzen das Teufelszeug aus dem Berg – eine Tonne Erz bringt ein Kilo Uran –, könnt ihr euch vorstellen, wie wir das Land umwühlen?"

„Doch", sagte Major und nahm einen kräftigen Schluck. „Das Scheißzeug soll aber strahlen?"

Herbertl grinste. „Manche unken, nach einem Jahr kommst du bei der Frau nicht mehr hoch. Alles Gerede, wie über unsern Schnaps. Unser Steiger hat mal übers Wochenende einen Uranbrocken in die Tasche seiner Kombi gesteckt – streng verboten natürlich, montags beim Einfahren sagt er uns: er war noch öfter drauf als sonst."

„Vielleicht branzt er", gab ich zu bedenken.

„Er hat noch ne Ische nebenbei, die holt manchmal die Freßpakete ab, schicket Luder, ik hab se jesehn, die braucht bestimmt alles andere als nen Schlappmann." Kopfschüttelnd stieß er sein Glas an unsere Gläser. Ohne abzusetzen hieb Herbertl einem Kumpel, der zur Tanzfläche an uns vorbei drängte, die Pranke aufs Kreuz: „Glückauf, Fördermann, fühlst dir jut am Meer?"

Der Gefragte knuffte Herbertl in die Rippen und rief: „Glück auf, Hauer, gib mal 'n Schlückchen für deinen Fördermann, du weißt doch: Auch der Fördermann ist ein Mann!"

Sie schwankten untergehakt weiter und stimmten an: „Auf der Heide blüht ein kleines Blümelein, und das heißt – bum – bum E-ri-ka …"

Jedes Bum, das die Paukenschläge des Marschlieds markieren sollte, hieb der Hauer mit seiner Flasche auf die Bartheke. Er erwischte dabei ein Bierglas. Der Zapfer brüllte: „Gottverdammte Suffköppe, randalieren könnt ihr wie die Russen, das habt ihr prima gelernt!"

„Wie sprichst du denn mit deine zahlenden Jäste?" fragte mit drohendem Ton der Hauer. Er zog einen zerknitterten Schein aus der Tasche, warf ihn ohne aufzufalten und nachzusehen, ob es vielleicht ein Hunderter war, auf die Theke: „Für dein Piß-Jefäß – und sag bloß nicht noch mal, daß wir Russen sind!"

„Sonst gibt's Saures! Bomben auf En-ge-land!" grölte der Fördermann und griff über die Theke nach dem Zapfer, der plötzlich eine scharfkantige Holzlatte in der Hand hielt. Zugleich erhoben sich wie auf Kommando an einem größeren Tisch Männer in blauen Schlaghosen, sie trugen Kapitänsmützen wie der Rausschmeißer der MAZURKA. Einer, der Major um Kopfeslänge überragte, rief: „Christliche Seefahrt – klar zum Gefecht! Volle Breitseiten!" Sie nahmen mit einem geübten Schwung die Stühle vor die Brust, während Kumpel sich um Hauer und Fördermann gruppierten und ihren Schlachtgesang intonierten: „Von der SAG Wismut kommen wir ..."

Die Kapelle setzte die Instrumente ab. In die plötzliche und unheimliche Stille hinein schrie der Rausschmeißer durch die hastig aufgerissene Tür: „Alle Mann unter Deck – Karl-Heinz im Anmarsch!"

Sofort setzte der Trompeter das Mundstück wieder an, der Zerrwanstspieler zog den Balg auseinander, der Pianist gab Takt und Melodie vor, alle sangen einträchtig: „Auf der grünen Wiese ... da hat sie sich gebückt ..."

Rotarmisten drängten durch den Eingang. Sie hatten ihre „Mandolinen" vor dem Bauch, Maschinenpistolen mit tellerförmigem Magazin.

Die Seeleute schunkelten am Tisch in friedlichster Stimmung und vollendeten die Strophe: „Da hab ich ihr von hinten – ein Blümelein gepflückt!"

Sie brachen in brüllendes Gelächter aus, Gläser wurden gehoben, einige riefen „Drushba, Towarischtschi!" Mehrere Frauen tanzten miteinander und schwenkten die Hintern, was die Uniformierten sichtlich anging. Der Zapfer schenkte den Soldaten Gläser voll, ihr Natschalnik erlaubte den Umtrunk mit einem deutschen „Nu, Dienst – Dienst, aber Schnaps – Schnaps! Na sdrowje!"

Sie tranken und verfolgten mit Blicken die Frauen auf der Tanzfläche.

Major kippte sein Gemisch hinunter und raunte mir zu: „Tatsächlich Wild-Ost. Wir sollten machen, daß wir ins Zelt

kommen. Mir dreht's schon im Schädel von der Teufels-
brühe."

Ich empfand ähnlich. Als wir vor die Tür traten, rief der
Rausschmeißer: „Habt schon genug? Es ist jeden Abend das
gleiche. Nur wenn die Uranfritzen voll sind und den Tanzsaal
mit dem Schacht verwechseln und mit gerecktem Arm grüßen,
wird Karl-Heinz ungemütlich und kommandiert schon mal
eine halbe Untertageschicht auf den Lastwagen. Am nächsten
Abend sind sie dann wieder vollzählig hier – die Natschalniks
wissen doch, was ihnen blüht, wenn sie die Uran-Förderung
behindern, das wird als Sabotage abgeurteilt. Von wegen An-
tifaschismus, mein lieber Herr Gesangverein! Wo kommt ihre
eigentlich her?"

„Leuna-Pelzer", sagte Major.

„Leuna – sind das nicht auch die Russen?"

„Genau. Und was wir da produzieren, braucht der Iwan
genauso wie Uran: Benzin und Dünger."

„Und die Demontage?" fragte der Rausschmeißer.

„Wird vielleicht bald aufhören. Greif mal einem nackten
Mann in die Tasche."

Wir stolperten zum Strand. Das Zelt war trotz Dunkelheit
einfach zu finden, es stand einzeln, niemand außer uns war
auf den Einfall gekommen, so nahe bei der Brandung zu hau-
sen.

Itaker hockte im Mondschein vor dem Zelt. Es war frisch,
die Luft wohltuend nach dem Hecht aus Bier und Tabak und
Schnaps in der MAZURKA.

Ich stolperte über einen der Heringe und verfing mich in
der Spannleine. Itaker grinste. „Molto vino?"

„Wismutschnaps", erklärte Major für mich, weil ich noch
Sand zwischen den Zähnen hatte. „Kanal gestrichen voll!"

„Waren Weiber da?" wollte Itaker wissen.

„Ja, und Russen auch", gab Major schon aus dem Zelt Auskunft. Er war unter die Decke gekrochen, sein „Schlaft wohl!"
kaum noch zu verstehen.

Eine Woche blieben wir in Binz. Das Sommerhoch schien unendliche Dauer zu haben. Reihum bewachten wir das Zelt, zwei waren immer unterwegs, abends gewöhnlich zu MAZURKA und SERENADE. Herbertl hielt Plätze für uns frei, wir tranken Wismutschnaps und revanchierten uns mit „Chesterfield" und „Golden Mixture" zum Selberdrehen. Wenn uns nachmittags am Strand zu warm wurde, bummelten wir durch den Ort, er bot wenig Abwechslung, so gut wie keine Läden. In Andenkenbuden lagen kleine Bernsteinstückchen, es gab auch Holzkästchen mit Herzmuscheln beklebt, mit weißer Farbe stand darauf GRUSS AUS BINZ! Die Häuser, auch die größeren, waren oft mit Holzveranden ausgestattet. Man sah ihnen an, daß ein Krieg übers Land gegangen war, die weiße Farbe vom Holz abgeblättert, Fensterrahmen vermorscht, manche zerbrochene Glasscheibe nicht ersetzt, Dachrinnen aus der Halterung gerissen, bröckelnder Putz. Im Grunde wie in dem Ort, aus dem wir kamen, und in den Orten, die wir durchfahren hatten. Handwerker waren im ganzen Land gesucht, Material knapp. Man konnte froh sein, wenn man kein eigenes Haus hatte, das Kompensieren fraß die Punkte der Raucherkarte oder der Textilkarte oder einfach Abschnitte der Lebensmittelmarken.

„Aber in Westberlin sah es ganz anders aus", meinte Itaker nachdenklich, „warum können die ihre Buden in Schuß halten?"

„Die Amis sind reich", gab ich zu bedenken. „Erinnert ihr euch, mit welcher Parade sich die Amerikaner im Ort verabschiedet haben." Wir waren alle drei dabeigewesen und hatten am nächsten Tag die Russen einziehen sehen in ihren zerlumpten Monturen auf ihren armseligen Panjewägelchen.

„Wer arm ist, sollte nicht auch noch blöd sein", meinte Major. „Kann mir wer erklären, warum wir auf Demontage die Oberleitungsmasten der elektrifizierten Strecke einen Meter überm Sockel abschweißen mußten – den Schrott können sie nie wieder verwenden. Und die Trommeln mit den aufgerollten Kabeln haben wir die Böschung runterrollen lassen. Ich hab mir gedacht, wenn die Wehrmacht bei denen viel kaputtgemacht hat, gut, steht ihnen Reparation zu – aber so, da haben beide Seiten nichts davon."

„Molto pazzo", sagte Itaker, es war wirklich eine verrückte Welt, Fehler aus der Vergangenheit setzten sich in die Zukunft fort. Darüber sprachen wir oft, wenn wir beim Zelt in der Sonne lagen.

Der erste Sonnenbrand war überstanden, Itaker hatte die tiefste Bräunung. „Wie am Golf von Salerno", sagte er und räkelte sich wohlig im Sand. „Nur das Meer ist dort wärmer."

„Vielleicht kommen wir da auch mal hin", meinte Major, es klang nicht sehr zuversichtlich.

Nach dem Schwimmen überfiel uns gewöhnlich ein wölfischer Hunger, manchmal verschlangen wir den gesamten Brotvorrat, dann mußte einer die Hauptstraße hinab und zum Bäcker. Itaker ging meist freiwillig, er flirtete mit der Verkäuferin, der er – im leeren Laden – „molto amore" zuflötete. In den Restaurants brauchten wir Lebensmittelmarken. Auf den mit Schreibmaschine getippten Speisekarten stand bei den wenigen Gerichten vermerkt, wieviel Gramm Fleisch-, Fett-, Nährmittelmarken abgegeben werden mußten. Die Kellner trugen an Kettchen Papierscherchen, sie trennten die Marken von den Karten ab bei der Bestellung. Wir hatten die lokalen Lebensmittelmarken eingetauscht gegen die in der ganzen Besatzungszone gültigen Reisemarken. Major bekam die höchste Kartenstufe als Leuna-Pelzer, Itaker als Friseur die niedrigste, wie auch ich als Schüler. Teuer war das Essen in den Restaurants nicht, wir hätten uns täglich eine warme Mahlzeit leisten können, aber die Marken begannen knapp zu werden. Schließlich wurde unsere Abreise aus ganz anderem Grund nötig, mit dem keiner gerechnet hätte.

Ich schob Zeltwache, Major und Itaker hatten Ausgang. Nachdem ich mir eine Pfeife gestopft hatte, setzte ich mich in den warmen Sand. Der zunehmende Mond ließ Sandkristalle glitzern. Ich schmauchte meine Pfeife und war mit mir und der Welt zufrieden. Suchte mein Lieblingssternbild, den Orion mit seinem treuen Hund Sirius. Aber er ließ sich erst im Winter sehen. Also orientierte ich mich nach dem Großen Wagen mit seinem Reiterlein, dem Augenprüfer. Grüß dich, Alkor, murmelte ich, kann dich noch erkennen.

Ich überlegte: Gar nicht so übel, dieser Sommer bisher. Wenigstens bis an die See waren wir gekommen. „Reisen ist das wahre Leben", hieß ein Ausspruch von Jean Paul, und wahrlich, er hatte recht. Die Welt mußte man kennenlernen. Ich hatte bisher ein winziges Stückchen gesehen, Anhalt, Mecklenburg, Vorpommern, ein bißchen Ostseeküste. Und Rügen. Am Vormittag hatte ich das Rad hinaufgeschoben zum Jagdschloß Granitz. Die Westberliner Jungs wären da dank ihrer Gangschaltung nicht aus dem Sattel gestiegen. Der Ausblick von oben war wunderschön, ich vergaß darüber die Zeit und raste die Abfahrt hinunter, wollte pünktlich die Zeltwache antreten. Beim langsamen Auslaufen des Rads in den Ort hinein schnupperte ich heißes Öl, sprang ab und holte mir eine Brandblase am Finger beim Betasten der Freilaufnarbe.

Hier war nun die Grenze des Landes, in dem wir das Kriegsende erlebt hatten. Hoffnungen hatten wir uns gemacht, weil unser mitteldeutsches Industriegebiet von amerikanischen Kampftruppen eingenommen wurde. Aber die Potsdamer Verträge, vielleicht schon die von Yalta oder Teheran, niemand kannte sich genau aus – die Alliierten jedenfalls meinten es mit Itaker, Major und mir nicht gut. Schon im Juli zogen die Amis ab, die Russen rückten nach, und aus war's mit der Bewegungsfreiheit, keine modernen Fahrräder, für nichts ein Ersatzteil, fürs Radio nicht, keine Sohlen für die Schuhe, keine Badehosen, meine rote, die ich trug, hatte meine Mutter aus der überdimensionalen Hakenkreuzfahne genäht. Für alles brauchte man Propusk und Kommandirowka. Na gut, ein bißchen besser war es schon geworden, wenigstens die Ostsee hatten wir uns erobert. Aber wie viele Küsten warteten in dieser Welt! Die Nordsee, Ebbe und Flut – wie mochte das sein, wenn innerhalb von Stunden das Meer verschwand? Nicht vorstellbar.

Und jene Küsten, an denen keine Eichen wuchsen, sondern Palmen? Nordsee, gut, aber – was war mit Südsee? Würde ich, würden Major und Itaker keine Südsee sehen, nur weil die Besatzung unserer Zone ausgetauscht worden war? Und den Pazifik, den Indischen Ozean, würden wir sie sehen, an den arabischen Küsten spazieren, nach dem Vorbild Marco Polos ...

Ich sog an der Pfeife, sie hatte keine Glut mehr. Der Wind war eingeschlafen, das Anzünden gelang leicht. Zurückgelehnt, mit den Ellbogen im Sand, paffte ich Rauchwölkchen gegen den winzigen Alkor. Unvorstellbare Entfernungen! Einmal den südlichen Sternhimmel sehen! Das Kreuz des Südens, von dem Hans Albers in „La Paloma" sang. Wunderhell soll es leuchten, hatten Weltreisende beschrieben. Vielleicht würde ich nach dem Abitur auf Reisen gehen? Weltreisender – wie wird man das? Oder ich fuhr zur See. In Wustrow planten sie eine Seefahrtsschule, Funkoffizier auf großer Fahrt, in den Häfen Landgang mit voller Heuer: Piräus, Bombay, Madras, Colombo ... Guter Alkor, murmelte ich, ohne die Pfeife aus den Zähnen zu lassen, werde ich das alles noch sehen, ehe ich alt geworden bin?

Aber doch, meinte ich als Antwort zu vernehmen, bloß – vergiß nicht, die Welt ist groß, sie hat so viele sehenswerte Küsten, dein einziges Erdenleben reicht nicht aus.

Das ist es, dachte ich beunruhigt, unser Leben ist zu kurz für die große Welt. Wer hatte das so unzulänglich eingerichtet, gab es da oben irgendwo in der Nähe des Reiterleins eine Instanz, bei der man sich beklagen konnte? Aber gut, wenn es so ist, dann muß man eben sofort beginnen mit dem wahren Leben, das Jean Paul meint. Sofort los an entfernte Küsten! murmelte ich, und schon wieder war die Glut im Pfeifenkopf erloschen.

„Redest du mit den Sternen?" fragte Major leise, er war unbemerkt herangetreten, der Sand dämpfte seine Schritte.

„Mit meinem Freund Alkor da oben", antwortete ich ebenso leise. „Wo ist Itaker?"

„Spielt mit Herbertl und dem Fördermann einen Pfennigskat. Als Kiebitz war mir das zu langweilig."

Der Mond spiegelte sich in der schwach gekräuselten Wasserfläche. „Eine goldene Brücke", sagte Major verträumt. „Kannst übers Wasser laufen. Kein Russe hält dich fest. Komm, schwimmen wir wenigstens über die Brücke!" Er zog sich aus und watete vorsichtig ins Wasser, als habe er Angst, die Märchenbrücke zu zerstören. Beim Schwimmen sprühten glitzernde Tropfen von Händen und Füßen. Das Wasser war ungewöhnlich warm. „Schätze achtzehn Grad, wenn nicht mehr", prustete Major und drehte sich auf den Rücken. „Werd nicht mondsüchtig!" rief ich und schwamm dem Ufer entgegen. Eine Gestalt wankte auf das Zelt zu.

„Molto giocare a carte", rief Itaker. „Molto aquavite!"

„Was gewonnen?" fragte Major. Er schüttelte die Tropfen ab wie ein Hund.

„Ich hatte gerade eine bildschöne Kreuz-Flöte und drei Alte, drei! Jetzte geht's los, denk ich und sage an: Kreuz Hand – und schwarz!"

Auf dieses Stichwort, berichtete Itaker, sprang die Tür auf, ein nach allen Regeln der Kunst besoffener Wismutkumpel kam rein, „waagerecht fast, als käme er eingeflogen, sicher hatte der Rausschmeißer ihm ein Bein gestellt", jedenfalls brüllte der Mann im Hereinfliegen: „Das wollen wir doch sehen, ob ein Steiger hier vor der Tür bleiben muß – schließlich zahl ich schwerverdientes Geld für euren Saftladen, und wenn für einen ehrbaren Steiger kein Platz ist, dann scheiß ich auf die Kaschemme, überhaupt auf euer ganzes Binz scheiß ich gleich mit zwei Ärschen, wenn ich sie nur hätte – aber dann ist Schluß mit Ronneburg, versteht ihr, der Portier hier kann dann für mich einfahren, vielleicht wird er der neue

Hennecke, der dem weisen Väterchen genügend Uran liefert für seine Atombomben, von mir jedenfalls nitschewo, macht euren Dreck alleine, wenn man hier nicht mal in Ruhe saufen kann …"

Mitten in dieser Tirade, nach Itakers Protokoll, war die Streife hereingekommen, ohne Warnung diesmal, dem Türsteher war vermutlich von einem Kinnhaken des wütenden Steigers der Kiefer ausgerenkt. Drei mit Mandoline standen plötzlich im Saal, konnten vermutlich ganz gut Deutsch, der Natschalnik brüllte „Stoj!" und zum Steiger „Dawai!" Da hatte sich Itaker auf Französisch verabschiedet von seiner Skatrunde und mit Ärger und Wehmut an seinen nicht gespielten Grand Hand gedacht.

Wir krochen ins Zelt und schliefen sofort ein. Ich träumte, ich sei in der MAZURKA. Herbertl begrüßte mich laut mit Hitlergruß. Da riß der Rausschmeißer die Tür auf, es zog. „Gottverdammich!" schrie Major. „Kannst du Saftkopp nicht den Laden dicht machen!"

Ich erwachte. Der Mond schien mir ins Gesicht. „Was plärrst du hier rum?" fuhr ich Major an und hatte Mühe, mich zurechtzufinden. Major hatte sich halb aufgerichtet und zeigte auf den Mond. Er ist doch mondsüchtig geworden, dachte ich. Erst langsam begriff ich, daß zwischen uns und den Mond eine Zeltbahn gehörte.

„Wo ist die hin?" fragte Major. Itaker schob sich vor den Mond. „Ich bin aufgewacht, weil ich schiffen mußte, das elende Dünnbier – und was war gewesen? Ich hab mich gewundert, daß ich so schnell rauskomme, ohne die Schnüre aufzuknüppeln. Da hab ich erst kapiert: Die vordere Plane ist weg! Hab schon alles abgesucht, falls der Wind sie weggerissen hat."

„Spaßvogel", fluchte Major. „Geht vielleicht ein Wind?"

„Die ist geklaut", sagte ich.

Starkes Stück – während wir im ersten Tiefschlaf lagen, hatte jemand die vordere Zeltbahn gelöst und war abgehauen.

Eiskalte Burschen, die so etwas wagten. Den Wismutleuten war es zuzutrauen – aber was brauchten die eine Zeltbahn? Nie würde sich dieses Rätsel lösen, wer uns bestohlen hatte.

„Was nun?" fragte ich

„Vorm Hellwerden können wir nichts machen", entschied Major.

„Und dann?"

„Polizei kannst du vergessen, vielleicht waren's die Vopos selbst", sagte Itaker.

„Ich weiß nur, daß es ausgerechnet die Plane war, die ich ausgeliehen habe. Auf Ehrenwort: Unbeschädigte Rückgabe. Jetzt sitz ich in der Scheiße!"

„Bleib ruhig!" besänftigte Itaker. „Wir finden eine Lösung. Klauen wir eben auch eine."

„Verrückt!" Major wickelte sich in seine Decke. „Wachen lohnt nicht, ein zweites Mal kommen die nicht. Hoffentlich fängt's nicht zu regnen an."

Den Rest der Nacht verbrachten wir in unruhigem Halbschlaf. Itaker stürzte morgens als erster hinaus ins Wasser. Er schwamm eine Strecke parallel zum Strand und kam unterhalb des Zelts heraus, dann war er verschwunden.

Major blieb einsilbig. Er winkte ab, als ich ins Wasser wollte. „Meinst du, daß Itaker das ernst gemeint hat, selbst eine Plane klauen?" fragte er unsicher.

„Wenn ihr beide das wollt, mache ich mit. Du weißt ja, wie wir's gelernt haben: Einer für alle, alle für einen!"

Ich schwamm über die zweite Sandbank hinaus, in Gedanken bei dem, was wir vorhatten. Lief, bis ich den Boden unter den Füßen verlor. Hier draußen hatten die Wellen größere Kraft als am Strand. Der Wind hatte gedreht, er wehte jetzt auflandig. Ich legte mich auf den Rücken und ließ mich zurücktreiben.

Itaker kam und sagte mit gedämpfter Stimme: „Ich hab was."

„Wo?" fragten Major und ich zugleich.

„Die beiden Jungs am Hang oben. Unsere Nachbarn. Die gleiche Zeltplane. Ich war bis zum Schmachtensee, dort sind paar Zelte, aber alle mit viereckigen Bahnen. Und viel zu belebt, da kämen wir nicht ran."

„Die armen Schweine, sie waren immer so freundlich." Major hatte starke Zweifel. „Es ist Diebstahl."

„Nicht schlimmer als sein Ehrenwort brechen", hielt Itaker dagegen. „Außerdem – stehlen wir denn für uns? Daheim gibst du das Ding ja gleich wieder ab. Von persönlicher Bereicherung kann also keine Rede sein. Im Krieg gab's keinen Diebstahl, vielleicht müssen wir uns im Frieden an allerhand gewöhnen."

„Gewonnen", entschied Major. „Also los – Einsatzplan aufstellen."

Itaker sollte herausfinden, ob die beiden Jungen, wie bisher von uns gesehen, den ganzen Nachmittag am Strand lagen. Er sollte nochmals zur Quelle des toten Hundes aufsteigen und von oben Signal geben. Dann würde Major ans Zelt kriechen und die Plane aushaken. Ich mußte mit dem Rad am Fuß des Hangs warten, sollte das kostbare Stück im Rucksack verstauen und zum Bahnhof rasen, um die heiße Ware aufzugeben, falls die Jungs die Polizei informierten und am Strand Razzia gemacht wurde. Dann würde ich gemächlich zurückfahren, wir konnten abbauen und starten, am Bahnhof vorbei, und schließlich – adieu Binz!

Zunächst lief alles wie ausgedacht. Itaker gab das Zeichen, Major robbte, Fahrtenmesser zwischen den Zähnen, wie wir es als Pimpfe im Geländeunterricht geübt hatten, an den Tatort heran. Die Zeltplane zusammengewickelt unterm Arm, kam er aufrecht eilig den Hang herunter.

Ich raste los. Der Bahnhof von Binz liegt etwas außerhalb des Ortes. Ich fuhr durch Straßen, die ich nie gesehen hatte. Irgendwie kam ich zur Kirche, dort mußte die Bahnhofstraße abbiegen. Ich fuhr ein scharfes Tempo. In einer kleinen verwilderten Grünanlage kam mir ein Mann entgegen. Er trug eine gelbe Armbinde und führte einen Schäferhund an kurzer Leine. Ich drückte das Rad hart zur Seite, daß der Lenker fast einen Holzzaun schrammte. Der Blinde wich ebenfalls Richtung Zaun aus. Der hat mir noch gefehlt, fluchte ich vor mich hin und klingelte. Als ich scharf zur Straßenseite hinüber wechselte, waren Mann und Hund wie angezogen von meinem Vorderrad. Ich bremste scharf, der Hund zerrte an der Leine, der Mann hob die Hand.

„Absteigen!"

Er war ein Ordnungshüter der Gemeinde, ich hatte Armbinde und Hund falsch gedeutet. Auf norddeutsche Art knapp sagte er: „Mitkommen!"

„Wohin?"

„In die Verwaltung."

„Ich bin in Eile."

„Wat mut, dat mut!"

Die unwiderlegbare Logik der Fischköppe. Ich musterte den Hund – er hätte mich im Nu eingeholt, womöglich packte er den Rucksack …

In der Wachstube versorgte der Aushilfspolizist zunächst den Hund mit Wasser. Danach setzte er sich mit großer Ruhe hinter eine museumsreife Remington und tippte mit zwei Fingern. Einen Strafbescheid wegen ordnungswidrigen Verhaltens. Ich hätte nicht auf dem Fußweg fahren dürfen. Bei diesen Holperstraßen? Und meiner Eile? Warum denn eigentlich so eilig? Das wollte ich lieber nicht verraten. Ich trat unruhig von einem Fuß auf den andern.

Binz sei Kurort, bekam ich erklärt. Die Genossen Arbeiter aus dem Uranbergbau hätten ihre Urlaubsruhe wohlverdient und einen geregelten Straßenverkehr.

Ausgerechnet, dachte ich, dann geht doch mal abends in die MAZURKA!

Der Belehrende hielt im Tippen inne und fragte nach meinem Beruf.

„Abiturient."

Es stimmte ihn milde. Mit fünfzig Pfennig Strafe kam ich davon, genau wie bei den Vopos auf der Autobahn. Ich bedankte mich und fuhr, auf den Holperstraßen, zum Bahnhof, gab den Rucksack auf und jagte zum Strand zurück. Das Zelt war schon abgebaut.

„Was passiert?" fragte Major. Ich erfuhr, die beiden Jungs waren am Zelt vorbeigekommen auf der Suche nach ihrer verschwundenen Zeltbahn.

„Uns ist heute nacht auch ein Dreieck geklaut worden", hatte Itaker gesagt und war damit hart an der Wahrheit geblieben.

Auf Holperwegen rollten wir zum Bahnhof, nach einer Viertelstunde lag das Ortsschild hinter uns. Binz versank, wie das sagenreiche Vineta einst in der Ostsee versunken sein soll.

Ein Halbjahrhundert später tauchte Binz für mich wieder auf. Zwischendurch hatte ich viele Küsten gesehen, auch sehr ferne, wie ich mir das in der Nacht von Binz unterm Alkor erträumt hatte. Den wilden Osten, wie wir ihn erlebten, gab es in Binz wohl nicht mehr allzu lange. Überfüllt blieb der Badeort immer, in den siebziger Jahren gab es bei etwas über sechstausend Einwohnern mehr als fünftausend Urlauberbetten. Binz verdoppelte sich also in jeder Saison. Es war mir zu laut, zu viel Gewimmel, belagerte Strände, patzige sächsische Saisonkellner in den zu wenigen Gaststätten. Aber eines Jahres packte mich doch die Neugier. Der Beitritt des Landes Mecklenburg-Vorpommern zur Bundesrepublik Deutschland lag schon fast zehn Jahre zurück.

Major habe ich beim Bier von der Wiederbegegnung erzählt, Itaker ist verschollen, möglicherweise lebt er nicht mehr.

In diesen fünfzig Jahren ist viel geschehen. In meinem Leben hatte mich manche Woge nach oben getragen, die Wellentäler folgten mit der Logik des Meeres. Einmal kam eine Sturzsee über mich, daß ich glaubte, das ist das Ende. Aber welche Aufmerksamkeit kommt schon einem Einzelschicksal

zu in einer Epoche, die stabil geglaubte Weltsysteme zer-
bricht? Nun erst recht bewährte sich mein Lieblingszitat, das
ich dem Dichter Benn verdanke, den zu kennen der reale
Sozialismus sich geweigert hatte: „Sich abfinden und gelegentlich auf Wasser sehen."

Ach Binz, wie haste Dir vaändat! wollte ich ausrufen wie der
Berliner, der seit je gewohnt ist, die Ostsee als seine Sommer-
badewanne zu betrachten. Er reibt sich erstaunt die Augen,
wenn er Rügens Schmuckstück erblickt. Die Eigenwerbung
heißt inzwischen: Binz – der Edelstein auf Deutschlands
größter Insel.

Galt ja schon immer als was Feines, war Rügens zweitgröß-
tes Seebad nach Sassnitz. Aus einem Baedeker von 1922 erfuhr ich, die Kurtaxe – hieß damals Kursteuer – war nicht viel
billiger als heute, und wer sie nicht bezahlte, blechte immerhin pro Meeresbad eine Mark. Gebadet wurde nach dem
Ersten Weltkrieg getrennt nach Damen und Herren, auch
zwei Familienbäder waren eingerichtet beiderseits der sechshundert Meter langen Prinz-Heinrich-Landungsbrücke. Die
ist inzwischen neu entstanden, ihren Adelsbezug hat sie verloren, heute heißt sie schlicht die „Seebrücke". Beim Kurhaus
hält man zäher fest an monarchischen Traditionen, es wird
gerade überholt, dann soll es den „Kaiserhof" wieder geben.
MAZURKA und SERENADE sind verschwunden. Die Wil-
helmstraße ist jetzt die Hauptstraße; manche alten Gründun-
gen haben sich dort gehalten. Im fein herausgeputzten „Goldenen Löwen" nahm ich einen Irish Coffee, es war lausekalt,
regnete viel, aber die See war ungewöhnlich warm, wie damals in dem Jahrhundertsommer. Bei neunzehn Grad wurde
der Aufenthalt im Wasser fast angenehmer als im scharfen
Wind unterm wolkenschweren Himmel.

Die „Ostsee-Zeitung" jubelte und lockte verdrossene Badegäste und Einheimische mit einem Foto, Unterschrift: „Ein
Kaiser kommt" … Roland Kaiser nämlich, mit altbackenen

Melodien. Auf der gleichen Zeitungsseite, ohne Bild: „Der Kanzler kommt" … Helmut Kohl nämlich. Seine Rezepte werden ebenso altbacken wie die des Schlager-Oldies sein, dachte ich. Also ging ich, zumal gerade Sonne schien, an den FKK-Strand und vergab so die Chance, einen Elefanten zu bestaunen, der eben aus dem Wolfgangsee aufgetaucht war und nun in der Ostsee planschte. Die regionale Presse mäkelte, der Kanzler meide mit Fleiß die notorischen Schmuddelecken der größten deutschen Insel; zugestanden wurde ihm jedoch, diesmal wisse er wenigstens, wo er sich befinde, Lachnummern wie bei der Wahlreise vor vier Jahren entfielen – damals hatte er bei seiner Rede in Binz seinen Zuhörern abschließend „Schönen Urlaub auf Sylt" gewünscht. Natürlich durfte der Edelstein Rügens nicht fehlen auf Kohls Wahltour, wie auch andere beliebte Badeorte, die einen guten Ruf und durch den Tourismus eine günstigere Beschäftigungslage aufzuweisen haben, verglichen mit dem von Arbeitslosigkeit gebeutelten Küstenland.

Daran ist aber nicht herumzudeuteln: Die Ostseeküste Mecklenburgs und Vorpommerns ist mit dem Beitritt ins geographische und bald darauf ins touristische Bewußtsein der Altbundesdeutschen gedrungen. Um ihnen den Übergang von Nordsee zur Ostsee zu erleichtern, haben die Service-Einrichtungen die Preise kräftig angehoben, aber auch sonst für ein gediegenes Baderegime gesorgt. Der lange Strand entlang der Binzer Bucht ist nach numerierten Abgängen streng unterteilt, ein deutscher Strand gewissermaßen, voll registriert. Durch Beschriftungen und Ideogramme sind zwei Randgruppen an die äußersten Flügel verwiesen, nämlich FKK-Anhänger und Badegäste mit Hunden. Beide haben innerhalb der textilen Strandzonen nichts zu suchen, was ich hinsichtlich der Vierbeiner begrüße. Ebenso begrüße ich die von einer Baufirma gesponserten Hundetoiletten, denen Plasthandschuh und -beutel zu entnehmen sind. Mir fiel ein, in unserer Hauptstadt – „größte Baustelle der Welt" – gibt es genügend Baufirmen, die am Boom unendlich verdienen, aber noch keine ist auf die Idee gekommen, durch eine kleine Gabe das vereinte Berlin wenn auch nicht aus der politischen, so wenigstens aus der Hundescheiße zu ziehen.

In Binz ist kräftig gebaut worden und wird weiter gebaut, vermutlich wird auch, was ja weniger sichtbar ist, kräftig spekuliert. Viele Neubauten folgen den bewährten Seebadtraditionen, setzen vor die neuaufgeführten Fassaden Holzloggien im vertrauten Stil, verglast oder offen, wie man es an dieser Küste bis hinüber nach Ahlbeck kannte. Manchmal schüttelt es mich beim Spazierengehen auf der Strandpromenade, ich meine zu träumen und plötzlich versetzt zu sein nach Maspalomas, was Architektur und Amüsierbetrieb angeht. Dann wieder sehe ich Blöcke zur Urlauberintensivhaltung und bin mir nicht mehr sicher, ob ich vielleicht durch einen Zeitsprung rückwärts im ersten deutschen Kraft-durch-Freude-Bad Prora angekommen sei.

Binz war nach dem Ersten Weltkrieg ein Nest von anderthalbtausend Einwohnern, nun rüstet es sich nach verschlafenen vierzig Jahren mit verglasten Außenlifts an seinen Viel-Sterne-Hotels, Erlebnisduschen, Branchloggien mit Panoramablick, Vitarium (ich bin hilflos altmodisch und kann mir unter vielem nichts vorstellen) für den Sprung in die Urlauberindustrie des kommenden Jahrtausends.

Von dieser fragwürdigen Energie eher unberührt ist die schöne Umgebung des Ortes. Da gibt es, wie zu Zeiten der Wismut-Orgien, noch die unberührten Schilfgürtel um den Schmachter See. Der Weg zum Jagdschloß Granitz führt durch ehrwürdige Buchenwälder und über die Gleise der Kleinbahn „Rasender Roland". Man kann über Sommerwiesen laufen, auf denen die knallroten Schalen des Mohns glühen, vor den Türen der Häuschen blühen in struppigen Sommergärten Malven – armer Oggersheimer Elefant, dachte ich, so weit weg vom künftigen Kaiserhof werden sie dich nicht führen, wenn schon keine blühenden Landschaften, wenigstens blühende Bauerngärten hätten dich hier erfreuen können …

Zum Jagdschloß hinauf fährt ein Bähnchen, ein als Lokomotive verkleidetes Auto zieht offene Wägelchen. Der Lenker gibt ortskundige Erklärungen; wenn das Züglein das Plateau von Granitz erklommen hat, vernehmen die Fahrgäste, daß das Jagdschloß bis achtzehnsechsundvierzig nach Plänen Schinkels errichtet wurde und daß in seinem Keller nicht nur die beliebte Gaststätte „Alte Brennerei" besucht werden kann, sondern auch die einzige Toilette der Umgebung.

Bei diesem Stichwort fällt mir die wahrhaft revolutionierende Bereicherung des Ortsbildes von Binz ein. Entlang der Strandpromenade sind nämlich Bedürfnisanstalten eingerichtet worden. Die Benutzung ist unentgeltlich, die Häuschen werden unterhalten aus dem Aufkommen der Kurtaxe. Wer den realen Sozialismus als weitgehend notdurftfreie Zone kennengelernt hat, wird die bedürfnisbefriedigenden Maßnahmen der neuen Administration zu schätzen wissen und den gesamtdeutschen Vandalismus verdammen, der die Benutzbarkeit der Retiraden schon wieder einschränkt.

Ich wohnte ein paar Tage in einer neuen Pension am Schmachter See, eine energische junge Frau führte das Unternehmen. Die Anzeige im Katalog eines Reisebüros versprach: „Im alten Bäderstil neuerbaute Pension …" Vor die Fassaden aus gegossenem Beton hatten sie nicht ohne Geschmack Veranden und Balkone gesetzt. Der Bau paßte sich der Landschaft an und achtete die Traditionen, was ich bei meinen Küstenspaziergängen nach der Wende nicht oft beobachten konnte. Die Chefin, östlicher Herkunft, erzählte mir, daß ein Teil ihrer Gäste schon zum wiederholten Mal gekommen sei und mit Gewinn Sylt gegen Binz vertauscht habe.

Was mir im neuen Binz so fehlte wie beim ersten Besuch: ein Fischladen. Nur ganz am Ende der Promenade, Richtung Sellin, wo schon der Wald beginnt, findet sich eine baufällige Hütte. Dort aber gibt's den schmackhaftesten Aal, Heilbutt, Ostseelachs, Sprotten, Butterfisch, alles ganz frisch aus dem Rauch, Landbrot dazu, eine Flasche Störtebeker-Bier, Rostocker Korn – ein köstliches Mahl, direkt am Strand, nicht so aufwendig wie in den vielen, nun schon zu vielen Schicki-Micki-Lokalen. Was ich ebenfalls vermißte: auf der ganzen geschäftigen Hauptstraße kein Stand mit frischem Obst, ein Mangel wie zu DDR-Zeiten. Daß diese Chance noch kein türkischer Händler entdeckt hat – oder läßt man keinen zu?

Im Abendsonnenschein spazierte ich hinaus auf die See-brücke und schaute zurück auf den Ort, der mir gefiel wie vor einem Halbjahrhundert, auch mit seinen zeitbedingten Me-tamorphosen. Ein Ehepaar lehnte neben mir an der Reling, dem Dialekt nach vom Rhein. Die Frau äußerte ihre Aner-kennung in einem absonderlichen, aber gewiß ehrlich ge-meinten Kompliment: „Schön haben die's hier in ihrer neuen DDR …"

Hiddensee oder
Die Außergewöhnliche

Diese Insel, dat söte Länneken, ist mir von allen Inseln, an deren Küste ich spaziert, die kostbarste. Ich könnte das begründen, brauchte also nicht auf die argumentationslose Formel zu rekurrieren, die mich einst vor Jahren verblüffte, als ich in Stralsund mich einschiffte und im Fahrkartenkiosk am Hafen las: „Die Insel Hiddensee ist schön, weil sie eine Insel ist." Zunächst schien mir dieser Satz ebensoviel Beweiskraft zu enthalten wie das bekannte Zitat von Fritz Reuter: „Die Armut kommt von der Powertee." Später verstand ich, was mit der Behauptung gemeint war. Tatsächlich ist das topographisch und sozial Außergewöhnliche Hiddensees von seiner insularen Position abhängig. Hinzu kommt, daß mich familiäre Beziehungen mit dem Eiland verbanden; das begann indirekt schon in der Vorkriegszeit, erstreckte sich über Kriegsende, Nachkrieg, trat in den fünfziger Jahren in eine dramatische Phase, hatte ein Nachspiel in den Siebzigern und ein desasträses, Familienbeziehungen lockerndes Finale nach der Währungsumstellung. Das soll alles zu seiner Zeit erzählt werden und am Beispiel bekunden, wie Familienbande (verstanden im Doppelsinn des Karl Kraus) unter den deutsch-deutschen Beziehungen leiden konnten.

Meine Phantasie hat mich oft verführt, mir vorzustellen, einer meiner Vorfahren (denen nicht die geringste Berührung mit der Küste nachweisbar ist, sie entstammen alle dem Süden) hätte an der Menschenart des Nordens Gefallen gefunden, an einem eher verschlossenen, einsilbigen, nach innen gekehrten Wesen. Ich halte das allerdings für so unwahrscheinlich wie den Besitz von sechsunddreißigtausend Talern, für die der erdachte Ur-Ur-Urahn auf eine Anzeige in der „Stralsundischen Zeitung" von 1785 die Insel hätte kaufen können, „fast drittehalb Meilen Land und an einigen Stellen eine halbe Meile breit". Zum Inventar gehörten damals zweihundert Untertanen, die Leibeigenschaft wurde erst 1807 aufgehoben. Ein anderes Risiko wäre mein Vorfahre als Käufer eingegangen: Als Besitzer der Insel hätte er am Kentern vieler Schiffe und am Tode ihrer Besatzungen Schuld getragen, es sei denn, er hätte den Leuchtturm sofort bauen lassen und damit Hiddensee den Ruf genommen, den eine lateinische Quelle mitteilt: „littus multis naufragiis famosum" – eine durch viele Schiffbrüche berüchtigte Küste.

Aus den historischen Phantasien zurück in die reale und nahe Vergangenheit. Mein erster Besuch auf der Insel erfolgte, als wir, Itaker, Major und ich, mit der geklauten Zeltplane eilig Rügen verlassen hatten. In Stralsund bestiegen wir „Swantje", ein ächzendes Fährschiff, das noch, als es längst ausgemustert war, auf einem Wandgemälde der „Inselbar" in Kloster zu betrachten war. Die „Swantje" beförderte uns tuckernd, gemächlich von Stralsund durch den Strelasund in den Hafen von Vitte. Fahrräder und Rucksäcke hatten wir auf dem Vorschiff abgestellt. Wir waren fast die einzigen Passagiere. Der Wind blies rauh, wir saßen unter Deck, wo im Passagierraum ein Werbespruch an die Wand gemalt war: „Wenn's draußen noch so stürmt und schneit …" – im Aufruhr der Elemente also helfe nur Korl Wothkes Korn …

Nach dem Anlanden fuhren wir mit den Rädern Richtung Süden, so weit es möglich war. Radfahren auf der Insel erwies sich als schwierig. Daran änderte sich in den folgenden Jahrzehnten nichts. Später habe ich das, nach wiederholten Besuchen, in „Briefen von der Insel" für eine Zeitschrift beschrieben, ich zitiere mich ausführlich: „Mit dem Radfahren auf der Insel ist es kurios: Was sonst Motorfahrzeugen nur auf Rennstrecken oder auf vielspurigen Magistralen erlaubt ist, tut der Radler auf der einzigen festen Straße der Insel – er überholt rechts und fährt mitunter auch links. Fahren muß einer schon können, oft droht ihn der Wind aus dem Sattel zu heben, und wenn er die Straße verläßt, muß er seine Spur suchen zwischen Weidegras, Sandkuhlen, Kaninchenlöchern und Brombeerranken. Aber welch eine Landschaft auf dieser schönsten aller nördlichen Inseln! Im Violett der Heide blühen Inseln des Johanniskrauts, hinter dem Deich brüllt das Meer und auf den Salzwiesen das Vieh, das jedes Frühjahr seine Meerfahrt antritt, um auf der Insel fett zu werden – den Feldbau hat man aufgegeben auf der Insel, sie nährt des Festlandes Rinder, liefert Fisch und Ferienbetten und gibt, in gesperrten Zonen am Nord- und Südzipfel, heimischen Vogelarten Gelegenheit zu ungestörtem Brüten. Für Frühaufsteher, die nach stürmischer Nacht am Brandungssaum entlanglaufen, liefert die Insel zuweilen ein Splitterchen Bernstein. Ich selbst habe leider immer nur gelbes Flaschenglas gefunden, aber wenigstens habe ich gelernt, wie man Scherben vom Bernstein unterscheiden kann: mit den Zähnen."

Was es mit den Vogelschutzgebieten in Wahrheit auf sich hatte, hörte ich später und überzeugte mich davon erst, als der reale Sozialismus gescheitert war. Überhaupt gab es eine Reihe von Fakten, die ich damals keiner Zeitschrift hätte anbieten können, sie wären nie gedruckt worden. In einem meiner Notizhefte lese ich über einen Sommer in den frühen achtziger Jahren:

„Hiddensee ist eine Siedlung abseits der verbindlichen Gesetze. Durch Christentum gemäßigte Mafia. Alles ist klein, nur drei Dinge sind auf der Insel groß: das Gästehaus des Bischofs von Greifswald, das Grab des legendären österreichischen Opernregisseurs Felsenstein und die Mängel in der Versorgung ..."

Auf der Insel kennt man sich, wenn man zu den Landbesitzern rechnet. Alle Fremden werden gemolken wie das Weidevieh. Früher hielten die Inselbewohner eine Kuh, heute halten sie – oft unter ähnlichen Bedingungen – Urlauber.

Manche Leute zahlen für den Ausbau von Dachböden eine Art verlorenen Baukostenzuschuß, dafür erwerben sie das Vorrecht, vierzehn Tage im Jahr auf die Insel kommen zu dürfen, gegen Miete selbstverständlich.

In Vitte, einem der drei Inselorte, war häufig ein Einbeiniger zu sehen, an der rechten Krücke die Leine für den Terrier befestigt. Jeder kannte den Namen des Mannes und setzte hinzu: B. ist der Insel-Löwe gewesen. Ihm hatte die „Inselbar" gehört, ehe sie von der christlichen Blockpartei übernommen wurde. B. hinkte mit Terrier in den Konsum und kaufte hundert Eier. Er wurde sofort bedient. Alle Einheimischen wurden sofort bedient. B. galt als Grundstückshecht, ein Halsabschneider.

Der Kneiper der „Inselbar" nannte sich Paule, er war ebenfalls B.'s Terrier, treu im Dienst seines Herrn. Hatte immer dieselben Sprüche drauf: „Bei mir geht alles korrekt zu, von A bis Z." – „Vielleicht nur bis Y, Paule? Wer waren denn die Herrschaften, die nicht in der langen mittäglichen Schlange zum Essen anstehen mußten, während wir alle draußen warteten? Und das Söhnchen der Herrschaften, vielleicht auch schon eine kleine Blockflöte, darf hinter dem Tresen Zapfer spielen, Schnäpse einschenken, der Rotzlöffel, alles den Eltern zuliebe, die gewiß in der Chefetage der Christlichen sitzen – ist das korrekt, Paule?" Paule klappte sofort das Visier herunter. Er witterte was. Hatte er schon zu viel gucken lassen? „Wenn wir mal zwei mehr sind (CDU-Mitglieder gemeint), haben wir die absolute Mehrheit auf der Insel." Als jemand Kritik äußerte an dem pompösen Felsenstein-Grab: „Geht euch gar nichts an!" Der Kritiker hakte nach: „Ist es nur Gerücht, daß Felsensteins Sohn in der evangelischen Inselkirche sich katholisch trauen ließ?" Auf Paules schwammigem Gesicht breitete sich abweisendes Grinsen aus. Er war sich seiner Wichtigkeit bewußt als Statthalter des einbeinigen Souveräns.

Im Süden der Insel herrschte ein weiterer Souverän, er führte das „Haus am Meer". Im Hinterzimmer wurde der Prominenz Steak serviert, ansonsten regierte auf Hiddensee die allgegenwärtige Bockwurst, wenn die Kioske überhaupt geöffnet hielten.

Viele Menschen habe ich kennengelernt auf der Insel, Privilegierte und ihre Geschichten. Aber auch zahlreiche junge Leute, die auf die Frage nach ihrer Existenz auf dem Festland meist antworteten: „Ach, ich hab grade alles hingeschmissen, mach mal Pause hier." Hiddensee war das Dorado für Aussteiger. Sie schmissen im Frühjahr ihre Ausbildung, ihre Stellen, fanden leicht einen Saisonjob als Kellner, Küchenhilfe, Zimmermädchen. „Ja, bin gerade auf'm Trip. Muß mich neu orientieren."

In den Verwaltungsdienst kamen hier nur zweit- bis drittklassige Leute. Freiwillige? Jeder scheute den Inselwinter. Wer gut ist, hat nicht nötig, sich auf das Eiland versetzen und den Winter über einschneien zu lassen. Wer schon da ist, hat nichts mehr zu fürchten, schlimmer kann es nicht kommen. Entsprechend waren die Zustände. Papierkörbe wurden nicht geleert. Öffentliche Toiletten gab es nicht. Am Museum hatte früher eine Bude für Bockwurst und Eis gestanden. Verschwunden. Die Staatliche Handelsorganisation schien kein Interesse zu haben, sie zu betreiben. Am Strand und in Strandnähe nichts zu essen. Der Wirt vom „Wieseneck" entließ Köchin und Koch, die an der „Inselkrankheit" litten (immer unter Strom), ab sofort gab es keinen Mittagstisch mehr. Inselklatsch: Die Freundin des verehelichten Wirtes, die nebenan ein gemeindeeigenes Haus bewohnte und im Konsum am Hafen angestellt war, hielt sich Pferde. Manchmal rastete sie vor der Tür des „Wieseneck" und ließ sich ein Glas Bier in den Sattel reichen. Eines Nachts, die Reiterin weilte gerade auf dem Festland, brannte ihr Haus ab. Brandstiftung? Motiv? Gerüchte kommen und gehen wie die Brandung. Die Gemeinde, sie baute ein neues Haus. Inselgeschichten, wie ich sie damals notiert habe.

Einmal war der Versorgungsnotstand größer als sonst schon. Beim Einschiffen im Hafen von Stralsund sah ich

Stapel von Kisten mit dem beliebten und raren Exportbier „Radeberger" im Schiffsbauch verschwinden. Ich leckte mir schon die Lippen. Doch auf der Insel war keine Flasche „Radeberger" zu kriegen, nicht einmal ein Rostocker oder Stralsunder Helles, bei den Einheimischen bekannt als „Boddenjauche". Dafür traf ich einen Kollegen, er versah ehrenamtlich eine hohe SED-Funktion und wohnte im „Haus am Hügel", einer Pension für Genossen aus der Chefetage. Ich beklagte unseren Durst. „Keine Flasche Bier, für Frau und Tochter kein Schluck Limonade, Selters. Schöner Urlaub bei dieser Hitze."

Er räumte ein, die Zustände auf der Insel würden immer schlimmer, kein Wunder bei diesen Nieten in der Verwaltung. Ob ich meinen Durst bis in die Dunkelheit zügeln könnte?

Abends kam er mit einem schweren Netz voller Flaschen, unterm Bademantel verborgen, weil ihn die Heimleiterin nicht erwischen durfte (die Köchin wird einst regieren, hatte Lenin gesagt, waren wir schon so weit?). Nun war das Rätsel der Flaschen im Schiffsbauch gelöst.

Bis zu seiner Abreise kam er noch öfter mit dem schweren Netz, dann vermachte er mir seine Strandburg. Sie lag am FKK-Strand südlich von Vitte. „Deine Nachbarin ist Inge Keller, bißchen schwierig für manche."

Ich stellte mich – eigenartiges Ritual, ohne Bekleidung – einer schlanken Mittfünfzigerin vor, heute ist sie fünfundsiebzig und die große alte Dame des deutschen und des Berliner Deutschen Theaters. Mit ihr ließ sich herrlich plaudern, eine charmante Frau mit Ausstrahlung, kein bißchen schwierig. Die Gespräche waren erquickend vor allem, weil Inge Keller zu allen Themen sich freimütig äußerte, zu dieser Zeit und in diesem Land nicht unbedingt die Norm. Sie wohnte mit ihrer Boxerhündin Toni in einem Bauwagen, der stand südlich von Vitte, wo gerade ihr Haus errichtet wurde. Alle Welt zerriß sich den Mund, wie sie wohl zu einer Baugenehmigung gekommen sein mochte. Mit ungeniertem Grinsen pflegte sie Bescheid zu geben: „Weil ich mit Breschnew schlafe."

Ich grinste dagegen: „Der alte Herr?"

„Russki, Russki!"

Im Gespräch erfuhr ich, die Keller liebte die Insel über alles und seit langem. Auf dem örtlichen Standesamt hatte sie den nachmalig berüchtigten Kommentator Karl-Eduard von Schnitzler geheiratet. Heiraten auf Hiddensee blieb lange Zeit und bis heute eine Mode. Wie auch das Nacktbaden. Seine Anhänger konnten sich auf keinen Geringeren berufen als auf – Gerhart Hauptmann. Er schrieb hier nach dem Ersten Weltkrieg die Südsee-Utopie „Die Insel der großen Mutter", die Phantasie eines zeitlos-modernen Frauenstaates, wozu er später anmerkte: „Ich hätte sie wohl nie geschrieben, hätte ich nicht jahrelang auf Hiddensee die vielen schönen, oft ganz nackten Frauenkörper gesehen und das Treiben dort beobachtet."

Im Süden der Insel wohnte ein Kollege, die Fenster seines Hauses blickten auf Bodden und Meer. Es kam als erstes Gebäude in Sicht, wenn man von Stralsund aus anreiste. Der Bewohner dieses Häuschens klärte mich zuerst auf, was es mit dem Vogelschutzgebiet auf dem Gellen, der Südspitze, auf sich hatte. Dort konnte man bis an die Fahrrinne laufen und sich von einem ausfahrenden Schiff aufnehmen lassen – eine Sonderform der sogenannten Republikflucht. Meinem Informanten, der den ganzen Sommer bis in den Herbst auf Hiddensee verbrachte und eine Unmenge Inselgeschichten kannte, wurde eines Tages die Schraube von seinem Motorboot gestohlen, es lag im Hafen von Neuendorf. Ersatzteilmangel verleitete viele zu ähnlichen Schurkenstückchen wie uns in Binz. In gewisser Weise wurde mein Kollege ein Opfer der Insel, als ein Herzanfall ihn packte, konnte man ihn nicht schnell genug aufs Festland bringen ...

Makabre Inselgeschichten, Sensationen jeweils einer Saison, in der nächsten von neuen Sensationen abgelöst. Da kommt

52

zum Beispiel eines Winterabends ein junger Bursche zu spät zur Fähre in Schaprode auf Rügen. Er läuft, was verboten ist, übers Eis zur Fahrrinne. Bricht ein. Von Rügen aus wird der Vorgang beobachtet, man ruft an. Auf Hiddensee machen sich langsam – es ist Winter, Trinkerzeit mehr noch als im Sommer – Leute mit einem Schlauchboot auf. Kommen selbst in Gefahr, ziehen sich zurück. Man unternimmt einen zweiten Versuch, ebenfalls mit untauglichen Mitteln, und ruft dem Eingebrochenen zu, er möge sich gedulden. Dann wird er vergessen. Am nächsten Tag holt man ihn heraus, er ist vom Eis zersägt bis zur Unkenntlichkeit. Schließlich stellt sich heraus: einer von der Insel! Sie haben einen der ihren vom Eis morden lassen. Sogar ein Hubschrauber hätte eingesetzt werden können, die Inselkrankheit hat es verhindert ...

In Kloster, dem nördlichen Hafen, liegt der Friedhof. Die Namen auf den Grabsteinen wiederholen sich, Schluck, Gau ... Ertrunkene und angetriebene Seeleute. Zwei Tote machen den Totenacker berühmt: Gerhart Hauptmann und Felsenstein. Die Gräber liegen gegenüber, sie verhalten sich zueinander – in Dimensionen der Bühne ausgedrückt – wie Laienspiel zur Wagner-Inszenierung. Der Dramatiker wollte nichts als einen gewaltigen Findling mit seinem Namen darauf. Aber vis-à-vis! „Sehen Sie die Ketten an den Metallpfosten, genau wie um sein Haus im Dornbusch. Wissen Sie, daß dieser Zaun siebzigtausend gekostet hat – um ein Haus herum, in dem das Jahr über niemand wohnt. Voliere und Hundehütte leer, höchstens im Eselsstall nimmt mal jemand Logis. Frau Maria läßt niemand rein, die Leute von der Komischen Oper wollten es gern als Ferienheim, groß genug wäre es ja. Ursprünglich wollte Felsenstein in Neuendorf bauen, hat aber keinen Placken Land bekommen. Er war jeden Sommer in Neuendorf gewesen, nur im August einundsechzig nicht, da saß er in Westberlin, Frau Maria kam auf die Insel, mit zwei Pferden und Reitlehrer. Die Einwohner sollen mit Steinen geworfen haben, als sie durch die Heide galoppierte, der Reit-

lehrer auf dem Fahrrad hinterdrein …" Inselgeschichten. Auch
von Gerhart Hauptmann. Sein Haus ist Museum. Ich kannte den Kustos, einen gescheiten Mann, er trug immer Fliege,
selbst am Strand. Sein Leben hatte er Hauptmann gewidmet.
Er öffnete mir Türen im Hauptmann-Haus, die gewöhnlich
verschlossen waren. So konnte ich sehen, wie der deutschen
Dramatik konsequentester Naturalist zu leben und zu schlafen beliebte und was er, wenn er nicht schlafen konnte, an die
Wände über seinem Bett zu kritzeln pflegte: skurrile Reime-
reien, bittere Nachtgedanken, und einmal hat er nächtens
auch geübt, ob er noch das griechische Alphabet beherrschte.

Der alte Theaterfürst, der sein Äußeres so auffallend nach
dem Weimarer Geheimen Rat stilisierte, hat Hiddensee geliebt, ans Baden im eiskalten Wasser war er gewöhnt. Die
Anekdote hält fest, wie sein Besucher Thomas Mann ihm
nach dem Morgenbad begegnet und nach der Wassertempe-
ratur fragt. – „Schön warm", sagt Hauptmann sinngemäß,
dann erschrickt er und eilt dem Gast nach: „Eiskalt! Seien Sie
bloß vorsichtig …"

Auf dem Friedhof die Inselkirche. Bei Abendkonzerten ist
sie übervoll, gegen jedes Sicherheitsgebot. Wehe, wenn in
diesem Raum mit dem gewölbten rosa Holzdach – Stamm-
buchblümchen auf Blau gemalt –, mit Holzgestühl, hölzerner
Empore, Holzaltar eine Flamme die Partitur faßt, falls einem
der Mädchen vom Chor die Hand mit der Kerze zittert.
Zwischen Vivaldi und Mendelssohn Bartholdy das gemein-
same Abendgebet, alle fassen sich bei den Händen. Weltliche
Worte einer Brüderlichkeit, eine große feierliche Ruhe breitet
sich aus.

Bei jedem Besuch ähnliche Befunde.

Die Kirche ist auf der Insel eine Institution. Sie lädt zu
Veranstaltungen ein, stellt Wegweiser auf, propagiert ihre
Unternehmungen. Die Gegenpartei schwächelte früh. Die
Heimleiterin vom Haus am Hügel – eine böse Rippe – konn-
te nicht mehr mit Charme für die Sache des Sozialismus wer-

ben. Ihr Schwiegersohn hatte mit dem Konsum gegenüber Bäcker Kasten zu tun. Das Kaufhaus war plötzlich geschlossen. Dem Schwiegersohn wurde nachgesagt, eine Kassenungelegenheit verursacht zu haben – nun hatten die Sachwalter des Sozialismus auf Hiddensee noch weniger Kredit. Früher durfte die Heimleiterin beim Heimgang eines Parteigängers wenigstens noch die Trauerrede halten. Stürmische Zeiten für die Insel – wie mag es im Winter sein, wenn die Königskerzen und Malven vor den weißen Fischerhäuschen verblüht sind, Sturm von See her den Schnee treibt und die Rohrdächer im Weiß verschwinden läßt, das Eis auf dem Bodden knirscht.

In der Kirche waren Fotos von denkwürdigen Inselwintern ausgestellt. Im Vorraum hängt auch eine Chronik mit den Amtsdaten der Inselpfarrer seit Ausgang des Mittelalters. Ich versuche mir vorzustellen, was für Menschen es gewesen sind, die zwanzig, dreißig Jahre, manche ihr Leben lang hier den geistlichen Dienst versehen haben, als noch kein Linienverkehr Hiddensee mit dem Festland verband, kein Hubschrauber herüberkam für lebensgefährlich Erkrankte. Als der Sturmflut noch nicht durch Schutzbauten verwehrt war, die Insel in zwei Teile zu zerschneiden.

Das Eiland ist verschiedentlich gegen den Angriff des Meeres gerüstet worden, Buhnen, Steinwälle, Deiche sichern die spärlichen ständigen Bewohner. Im Norden kann man um die Hucke herumlaufen auf einem mächtigen Steinwall.

Auf dem Dornbusch steht der Leuchtturm, von einer Anhöhe beim Aufstieg gewährt die Insel ihren bezauberndsten Panoramablick. Die Türme der mächtigen Kathedralen von Stralsund sind in der Ferne zu sehen, und bei Nacht erkennt man den Leuchtturm vom Darß. Um den Dornbusch herum kann man die Nordspitze der Insel umrunden, an einigen Stellen der Abbruchküste muß man die Schuhe ablegen und durchs Wasser waten. Man kann den Dornbusch aber auch südlich umradeln – an den wenigen Häusern von Grieben vorbei, an der Müllhalde zum Enddorn bis auf den Bessin.

Betontrümmer erinnern daran, daß der Krieg auch diese Insel nicht verschont hat. Hier ist der Strand womöglich noch einsamer, die Strandburgen sind wehrhaft ausgebaut, mit Treibgut, durch Stachelgestrüpp, verrostete Eisenteile und Kistenbretter sichern die Feriengäste ihr Areal gegen Nachbarn ab – auf den ersten Blick glaubte ich mich wieder am Indischen Ozean, in einem der Bustees von Bombay. Aber jenseits lag nicht Afrika, sondern zuverlässig Rügen, die Bauten von Dranske waren mit bloßem Auge zu erkennen.

Natürlich könnte ich von meinen Spaziergängen über die Insel auch Bildung liefern: daß hier noch das Haus steht am Jachthafen, worin Asta Nielsen gewohnt hat, und in einem anderen sich die Gestalterin der Käthe-Kruse-Puppen aufhielt – indes verbinde ich mit solchen Mitteilungen keine persönlichen Erfahrungen, und Angelesenes wiederzugeben halte ich nicht für die originäre Aufgabe des Flaneurs. Ich will die Küsten selbst erfahren, erwandern und erzählen von ihren Schicksalen in der Zeit.

Zum Beispiel davon, wie wir selbdritt zum erstenmal auf die Insel kamen, nur Geduld, ich vergesse nichts, jetzt nehme ich den Faden wieder auf. Wir zelteten weit südlich von Vitte, in einer einsamen Gegend, von einem Camping-Verbot oder von Vogelschutzgebiet oder Seegrenze Nord war noch lange nicht die Rede, eine deutsche demokratische Republik mit Anspruch auf Grenzhoheit noch nicht gegründet.

Das Zelt hatten wir unter dichtem Gebüsch versteckt und marschierten nach Norden, das Leuchtfeuer von Gellen als Wegweiser, am Schwarzen Peter vorbei, durch Neuendorf. Bald ließen wir die Fährinsel auf der Boddenseite hinter uns, passierten die „Heiderose" – heute ist das Gelände mit Bungalows vollgebaut, damals leere Fläche, Heide. Endlich kamen wir nach Vitte, von wo wir bereits das Licht des Leuchtturms vom Dornbusch sehen konnten.

Ich hatte meinen Freunden erzählt, daß ich mit einem Einwohner der Insel verwandt sei. Mein Schwager Berti stammte nicht von der Küste, sondern aus dem Oderbruch, wo er in einem Ort, dessen Name mir entfallen ist, einen kleinen Laden betrieb und den Dörflern Lebensmittel verkaufte. Auch kleiner Laden nährt den Mann. Also schaute er sich um, wo sich noch günstiger Geld verdienen ließe. Er verfiel auf das Eiland Hiddensee, mehr Zufall wohl als planmäßiges Suchen. Dieser Abschnitt der Ostseeküste lag zu Vorkriegszeiten noch im Dornröschenschlaf. Auf der Insel erwarb Berti einen Streifen Land, direkt am Strand baute er ein „Dünenhaus", ein paar Meter landeinwärts ein Kinderheim, das er „Deutsches Haus" nannte, womit er gut in der Zeit lag, es waren die frühen Hitler-Jahre. Mit seiner Frau gemeinsam betreute er beide Einrichtungen, er hielt sich vor allem in der Kneipe auf, Umgang mit Gästen lag ihm mehr als mit Kindern. Der Zweite Weltkrieg brach aus, Berti mußte einrücken, als „travailleur libre" wurde er aus Frankreich entlassen. Zurück auf der Insel, mußte er feststellen, daß seine Frau sich mit einem anderen getröstet hatte. Er ließ sich scheiden, teilte den Besitz, behielt das „Dünenhaus". Da er fleißig und geschäftstüchtig und einfallsreich war, brachte er das Restaurant hoch, Publikum fand sich allemal, der Wunsch nach Abwechslung und Unterhaltung wuchs nach den Kriegsjahren, auf einer abgeschiedenen Insel ohnehin. In dieser Zeit lernte Berti meine Schwester kennen, sie wurde seine zweite Frau. In der Saison half sie ihm im „Dünenhaus". Der Betrieb lief vorzüglich, eine Kapelle wurde engagiert, Dünnbier und Korn flossen beim Tanz reichlich.

Itaker, Major und ich also nun im Anmarsch aufs „Dünenhaus". Ich machte meine Freunde mit Berti bekannt. Wir durften am Tisch „Nur für Personal" sitzen und wurden zum Bier eingeladen. „Noble Verwandtschaft", sagte Major und stieß mit Berti an.

Es marschierten an diesem Abend noch einige Biere, samt den damals beliebten Likören Kakao mit Nuß, Blutgeschwür, Pfefferminz und Eierlikör. Die Kapelle spielte die gleichen

Schlager wie in Binz, „La Paloma" natürlich und „Capri-Fischer". Bei „In the mood" forderte ich eine braungebrannte Urlauberin auf, sie war schätzungsweise zehn Jahre älter als ich und trug einen Ehering, es befanden sich mehr Frauen im Saal als Männer. Als ich zum Tisch zurückkam, lag unter meinem Stuhl ein Zwanzig-Mark-Schein, viel Geld in einer Zeit, als der halbe Liter Bier keine fünfzig Pfennige kostete. Zu dritt hätten wir uns einen lustigen Abend machen können. Statt dessen trug ich den Schein zur Theke, wo Berti Bier zapfte. Er sah mich verblüfft an und warf den Zwanziger in die Lade. „Bist ein ehrlicher Knochen, Schwager", sagte er und setzte einem Hellen die Schaumkrone auf.

An diesem Abend zogen Itaker, Major und ich sehr vergnügt zurück zum Zelt, etwas unsicheren Schrittes, am Ende hatten wir Schwierigkeiten, unser Versteck zu finden.

Schöne einsame Tage verbrachten wir in der Sonne, mehrmals gingen wir zum Tanz ins „Dünenhaus". Als wir uns verabschiedeten und die Räder in den Hafen von Vitte schoben, um wieder die „Swantje" zu besteigen, riefen wir Berti, dem Dauer-Insulaner, ein zuversichtliches „Wiedersehen!" zu. Ohne zu ahnen, daß wir ihm auf der Insel nie mehr begegnen würden.

Denn es geschah Unvorhersehbares, wie mir Berti später berichtete, als ich ihn nach seiner „Republikflucht" im Süden Deutschlands besuchte. Es war so, daß mehrmals in der Woche ein stummer Gast zu den Tanzabenden im „Dünenhaus" erschien. Berti wußte, es war ein Aufpasser, wie sie damals überall herumschnüffelten. Sie notierten, ob unter der Theke amerikanische Zigaretten verkauft wurden, ob die Kapelle militaristische Marschlieder spielte, ob Gäste unbekleidet das Lokal betraten, ob beim Kartenspielen politische Witze erzählt wurden. Berti kannte den Mann, er begrüßte ihn jedesmal höflich und stellte ihm Bier hin, auch einen Köhm dazu, und vergaß immer zu kassieren. Auf Gespräche ließ er sich nie ein, Fragen beantwortete er vorsichtig.

Eines Abends nun, es muß im zeitigen Frühjahr 1953 gewesen sein, die Saison hatte noch nicht voll eingesetzt, blieb der stumme Gast besonders lange an seinem Tisch kleben und trank ein Gratisbier ums andere. Als die letzten Zecher mit einem „Ahoi!" das Lokal verlassen hatten, deutete er auf den Stuhl neben sich. Berti setzte sich und vernahm etwas Rätselhaftes.

„Hör zu", sagte der diesmal nicht stumme Gast, der ihn beim Nachnamen nannte und duzte. „Du warst immer anständig zu mir. Großzügig auch. Deshalb sag ich dir jetzt was. Richte dich danach, oder vergiß es, aber gründlich. Wir haben nie miteinander gesprochen darüber, verstehst du!" Berti nickte in großer Anspannung und hörte eine Warnung: „Hau ab! Möglichst schnell. In weniger als einer Woche solltest du davon sein. Dann ist hier Sense!" Er stand auf, trank im Stehen aus: „Danke für die Bewirtung. Ich denk, wir sind quitt." Er verließ das Lokal, ohne sich umzuwenden.

Berti zündete sich eine Camel an und versank ins Brüten. Dann erhob er sich, stieg in den Keller, wo die Bierfässer standen, und steckte einiges in die Sakkotaschen. Am Morgen hängte er ein Schild in die Tür: VORÜBERGEHEND GESCHLOSSEN! Er sprach mit einigen Leuten vom Hafen, die er durch die Hintertür einließ. Sie rauchten seine Zigaretten, tranken Bier und schleppten Gepäck zum Fährschiff. Berti fuhr mit hinüber nach Stralsund, unterhielt sich mit Geschäftsfreunden und fuhr gleich wieder zur Insel mit der nächsten Fähre. Am Abend schleppten die Leute vom Hafen, es war schon dunkel, wieder allerlei Kram zum Spätschiff, sogar die Bierzapfanlage war dabei. Morgens nahm Berti das Frühschiff. Er drehte sich nicht um, als er die Haustür abgeschlossen hatte. Er trug nur eine unauffällige Ledertasche bei sich.

Es folgte, was in so vielen Biographien der ersten Nachkriegszeit das Mittelstück bildet. In Stralsund telefonierte Berti mit seiner Frau, sie trafen sich am Flughafen Tempelhof.

Die Geldscheine, die er für den Verkauf des Inventars vom „Dünenhaus" bekommen hatte, brachte er eng gerollt im Tank seines Benzinfeuerzeugs über die Sektorengrenze. Er tauschte es um und zahlte es bei der Deutschen Bank ein – Grundlage einer neuen Existenz, der wievielten eigentlich? Als die Maschine knapp über die Dächer von Tempelhof zog, atmeten sie tief durch. Erst in den nächsten Tagen wurde ihnen klar, daß sie gerade noch dem Exekutor aus der Schlinge entkommen waren. In Frankfurt lasen sie in den Zeitungen: „Zonen-Machthaber vernichten gewerblichen Mittelstand an der Ostseeküste." Berti schüttelte ungläubig den Kopf: „Daß der das gewagt hat! Gibt also auch Anständige drüben."

Erst später wurde der katastrophale Umfang der „Aktion Rose" bekannt. Weit über sechshundert Hotels, Gaststätten, Pensionen waren beschlagnahmt worden, viele unter fadenscheinigen Beschuldigungen. Es genügte, ein paar Hühnereier beim Bauern aufzukaufen, die man den Gästen zum Frühstück vorsetzen wollte, so war der Tatbestand „Sabotage der Ernährung der Bevölkerung" erfüllt. Die Volkspolizei gab später 447 Festnahmen bekannt, 400 Personen wurden zu Zuchthaus und Gefängnis verurteilt, 219 gelang die Flucht in den Westen. Berti war einer von ihnen.

In den folgenden Jahren spazierte ich oft am gewesenen „Dünenhaus" vorbei. Das Grundstück durchlief mehrere Wandlungen. Zuerst wurde es eine Konsum-Gaststätte. Sie verschwand nach einigen Sommern, die Dünen wurden erweitert. Stets malte ich mir aus, wie es wäre, ein paar Quadratmeter des Grundstücks zu eigen zu haben, nicht mehr in den Pensionen Bittsteller sein zu müssen für ein Bett in der Saison. Was hatte ich an unkomfortablen Unterkünften kennengelernt! Ein Vierbettzimmer mit Toilette übern Hof, in einem Haus in Kloster, es soll Hiddensees älteste Pension gewesen sein, was ich dem Zustand nach gern glaubte. Die Besitzerin, eine winzige verkrümmte Person, wußte von namhaften Gästen zu erzählen, Einstein war darunter. Ihre Eltern betrieben eine Wäscherei auf der Insel, Gerhart Hauptmann zählte zu den Kunden. Ein andermal nahm ich auf einem Dachboden Logis, unter rohen Ziegeln, morgens lief gelegentlich eine Maus über die Bettdecke. Die von einem schweren Feldstein über ein Seil ausbalancierte Falltür führte ins Treppenhaus, die zugehörige Gelegenheit lag zwei Stockwerke tiefer. Freudige Zustimmung daher, als ein Freund, Direktor des Volksbuchhandels im Bezirk Rostock, mir anbot, die Dachetage einer Finnhütte zu beziehen. Das Häuschen mit Schaufenstern zum Weg hin, mit einem bis zur Erde gezogenen spitzwinkligen Rohrdach, war als Buchhandlung in Kloster gebaut worden, und der Direktor hatte sozial gedacht, indem er für seine Belegschaft eine Ferienmöglichkeit schuf. Er ließ das Haus größer projektieren, so wurde das gemacht, Genehmigung für den Einbau einer Ferienwohnung hätte er nicht bekommen, also stellte man die Behörden vor die fertige Tatsache, den Bau nämlich, erfahrungsgemäß wurde man nicht gezwungen, ein illegales Projekt abzureißen, Mangel an Material und Arbeitskräften erzwangen ökonomisches Verhalten. Man zahlte eine Strafe – und zog ein. So kam Kloster zu einer Volksbuchhandlung. In Vitte gab es auch einen Buchladen, der nach meiner Erinnerung privat geführt wurde – er bescherte mir später ein unvergeßliches Erlebnis.

Die Dachetage in der Finnhütte wohnte ich gewissermaßen ein, als erster Mieter. In diesem Sommer hörte ich unter mir ununterbrochen die Ladenglocke und immer dieselbe Frage nach dem Roman eines DDR-Autors; über das Buch hatte sich herumgesprochen, es sei ungewohnt kritisch. Natürlich war die begrenzt gehaltene Auflage längst verkauft. In meinen „Briefen von der Insel", die ich für ein renommiertes Blatt schrieb, erwähnte ich meine Beobachtung aus der Buchhandlung. Eine Redakteurin rief an und teilte mit, der Name des Autors dürfe nicht genannt werden, der ganze Fakt sei ohnehin heikel. Ich protestierte und zog den ganzen Artikel zurück. Im nächsten Heft wurde er gedruckt, den Namen hatte die folgsame Genossin Journalistin gestrichen. So ging das mit unseren Geschichten damals …

Gern stieg ich auf den Dornbusch hinauf, wenn die Sonne unterging, legte mich im Gras auf den Rücken und sah zur roten Kuppel das Leuchtturms hoch, der seine Lichtsignale hinaus auf See schickte. Ein Teil des Geländes war eingezäunt als Marinestation. Ich träumte davon, welch weiten Ausblick man von der Kuppel des für Besucher natürlich gesperrten Turms genießen könnte. Die Lichtbündel huschten um mein getreues Reiterlein, das mich wie gewohnt zu jeder Küste begleitete. Bei Tag sah man von hier oben weit auf die wegen ihrer Stürme gefürchtete Bornholm-See, in der schon viele Schiffe versunken waren. Ein nautischer Offizier hatte mir eine Seekarte von diesem Gebiet geschenkt, eine „abgefahrene", die Wracks waren eingezeichnet, die neueren Datums sogar eingeklebt.

Aufs Wasser schauen hat für mich als geborenen Binnenländer seit je einen starken Reiz. Als ich, in der Sonne unterhalb des Leuchtturms liegend, Melvilles „Moby Dick" las, stieß ich auf eine Stelle, die ich in meiner zeitweiligen Insel-Existenz, also von Wasser umgeben, zutiefst begriff. Hatte ich hier den Schlüssel, warum es mich nie für dauernd ins Hochgebirge, in die Wüsten, in die Tundra, Steppe, in die Wälder zog, sondern immer ans Wasser? Melville: „Jedermann weiß ja, Wasser und betrachtender Geist sind auf ewig miteinander verbunden." Eine Seite weiter: „Warum war den alten Persern das Meer heilig? Warum gaben ihm die Griechen einen eigenen Gott, den leiblichen Bruder des Zeus? Sicher hat das alles einen Sinn. Aber tiefer noch ist der Sinn jener Geschichte von Narziß, der im Quell sein schmerzvoll-liebliches Bild erblickte: weil seine Hände es nicht fassen konnten, stürzte er sich hinab und ertrank. Und das gleiche Bild sehen wir selber in allen Strömen und Meeren. Das nie zu fassende Trugbild des Lebens schaut uns an, und das ist der Schlüssel zu allem."

Daß man, Narziß oder nicht, von einer Insel nicht zu Fuß herunterkommt, weil sie von Wasser umgeben ist, verstand ich. Daß man auf einer Insel trotz Schiff gefangen sein kann, dagegen nicht. Die Nacht, die dem seltsamen Erlebnis vorausging, war außergewöhnlich und sogar ein bißchen furchteinflößend. Wir waren, meine Tochter Momme und ich, am späteren Nachmittag auf ein Abschiedsbad noch zum Strand gegangen. Das Frühschiff würde uns nach Stralsund bringen, dorthin zum Hafen hatte ich ein Taxi bestellt, das am zeitigen Morgen in Berlin abfahren sollte. An diesem Nachmittag zogen Wolkenschleier vor die Sonne und filterten ihr Licht zu einem schwefligen unheilverkündenden Gelb. Von West oder Nordwest trieb eine Wolkenbank langsam heran. Der Wind frischte auf, blies aber unstet, ein hüstelndes Hecheln. Das Wasser antwortete mit kleinen Wellen, die gegeneinander liefen. Keine ruhig anrollende Brandung, von der ersten Sandbank gebrochen, die See gebärdete sich unwillig, ungeduldig, auch sie jetzt in gelblichem Ton. Beim Schwimmen mußten wir uns abmühen, die Kreuzwellen ließen sich nicht berechnen, öfter bekam man den Mund voller Wasser. Als die Wolkenbank sich näher schob, sprangen wir auf die Räder. Wir waren südlich von Vitte im Wasser gewesen, fuhren zunächst parallel zum Strand, was wir ganz gut beherrschten. Die Spur muß nämlich ziemlich genau auf dem Spülsaum gehalten werden; wenn die Brandung abläuft, wird der Sand darunter so fest, daß die Pneus nicht einsinken – nähert sich die nächste Welle, reißt man rechtzeitig den Lenker zur Seite, ein paar Spritzer auf den Reifen sind freilich nicht vermeidbar. Auf der Insel fuhr niemand ein Markenrad mit blitzenden Speichen, Rostflecken bildeten einen zuverlässigen Schutz gegen Diebstahl – vermutlich wäre ohnehin niemand auf den Gedanken verfallen, ein nagelneues Fahrrad zu stehlen, wie könnte man auf diesem winzigen Eiland darauf fahren? Und es ausschiffen, wenn sich Dutzende Badegäste beim Anlegen jedes Fährschiffes in Neuendorf, Vitte oder Kloster versammelten und Hunderte Augenpaare das Aussteigen der Passagiere, das Entladen, Beladen mit einer durch die Urlaubslangeweile geschärften Aufmerksamkeit verfolgten? Da kam unbemerkt keine Ratte aufs Schiff, geschweige ein neues chromblitzendes Fahrrad.

Hinter dem Seglerhafen von Vitte bogen wir vom Strand ab und nahmen die Asphaltstraße. Als wir an der Finnhütte ankamen, verdeckte die Wolkenbank die Sonne, es wurde ungewohnt früh dämmerig.

Dunkelheit breitete sich vor den dreieckigen Fenstern aus. Plötzlich zuckten wir zusammen bei einem durchdringenden Heulton.

„Muß ne dicke Suppe sein über See, wenn die das Nebelhorn einschalten", sagte Momme. „Wenn's ausgebrüllt hat, gehen wir schlafen", schlug ich vor und versuchte noch ein paar Seiten im „Moby Dick" zu lesen. Das Nebelhorn stand oben auf dem Dornbusch seitlich vom Leuchtturm. Obwohl auf See gerichtet, war das Heulen über der Insel zu vernehmen. Mir kam es vor, als verkürzten sich die Abstände zwischen den Tönen, vermutlich eine Täuschung.

Wir legten uns auf die Betten, an Schlaf nicht zu denken. Der Wind wuchs zum Sturm, der die Fenster zittern ließ. Eine Scheibe links oben war schon beim Einzug zerbrochen gewesen, sie drohte jeden Augenblick unter der Windlast aus dem Rahmen zu fallen.

Nach drei erhoben wir uns, zerschlagen und übermüdet, richteten das Gepäck und marschierten zum Hafen. Koffer, Rucksack und eine große Tasche, mein „Büro", das an jede Küste mitreiste, hängten wir auf einen dicken Ast, den wir auf die Schulter legten. Es war noch dunkel, übern Himmel jagten finstere Wolken, die rasch ihre Form wechselten.

Genau eine Woche zuvor waren wir denselben Weg um die gleiche Zeit gegangen. In der Nacht war Momme mit starken Zahnschmerzen erwacht. Ich gab ihr den Rest aus meiner Kognakflasche zum Gurgeln, sie schüttelte sich. „Eine Abiturientin muß das vertragen", sagte ich, aber als die Schmerzen nicht nachließen, entschlossen wir uns, mit dem Fünf-Uhr-Schiff in die Zahnklinik nach Stralsund zu fahren. Auf der Insel gab es zwar einen Zahnarzt, aber er hielt erst spät Sprechstunde an diesem Tag, auch stand er in keinem sehr günstigen Ruf. In Stralsund dauerte es endlos in der Klinik, ich besichtigte inzwischen die benachbarte Kirche, es war wohl die Marienkirche mit dem hohen Turm, wo man moderne Variationen der Leidensweg-Stationen ausgestellt hatte. Wir erreichten die Fähre gegen drei und waren endlich gegen fünf in Kloster, schmerzfrei. Meinen Kognak-Vorrat hatte ich auch aufgefüllt.

Nun also zogen wir zum letzten Mal in diesem langen, durch keine Schule mehr begrenzten Inselurlaub zum Hafen …

„Verdammter Rotz!" rief Momme. „Der ist ohne uns abgefahren."

Tatsächlich war im Hafen kein Schiff zu sehen. Als wir ums Hafenbecken herumgingen, erkannten wir den außerordentlichen Befund: Das Schiff war schon noch da – lag aber so tief an der Kaimauer, daß die Gangway nicht mehr nach oben in sanfter Schräge führte, sondern steil nach unten. Die Holzplanke war mit einem Tau gesperrt.

Fahrgäste sammelten sich, an diesem Tag war Wechsel in den gewerkschaftlichen Ferienhäusern, der Andrang besonders stark auf die Fähre. Unmut bei den Wartenden, ihre Zimmer hatten sie schon abgegeben, die Betten wurden vermutlich gerade neu bezogen, aber es kamen keine neuen Urlauber herüber. Absurde Situation – und nicht einmal eine Adresse für Verwünschungen, die Generallinie der Partei so wenig wie der Klassenfeind waren zuständig, einzig der Nordwest. Er hatte das Boddenwaser ausgetrieben.

Menschen bestürmten den Kapitän der „Wiking". Er schüttelte ernst den Kopf. „Ich komm ja ins Kittchen, nein, ich fahr auf keinen Fall, geht ja nun mal nicht ohne Wasser."

Wir gingen zum Prahm, ob er vielleicht nach Schaprode übersetzen würde?

„Wenn das Wasser steigt, sofort. Aber jetzt, Sie sehen ja …"

Natürlich sahen wie die elende Bescherung – aber was bitte war mit meinem Taxi, das längst in Berlin abgefahren sein mußte?

Wir stellten das Gepäck ein und hasteten zum Telefon in der Post. Das Auto war wirklich schon unterwegs und in der Vor-Handy-Zeit unerreichbar. Das wird unser teuerster Inseltag, dachte ich ergeben – immerhin, wie viele Menschen hatten schon eine Insel ohne Wasser erlebt …

Im Hafen befestigte ein Arbeiter unter Aufsicht eines Uniformierten eine neue Wasserstandsmeßlatte. Plötzlich interessierten sich alle Leute für den Pegelstand. Man ging jede Stunde zum Hafen: Welche Höhe? Welche Windstärke?

Im Seglerhafen von Vitte bot sich ein absonderliches Bild, die Jachten lagen schräg im Schlick, bedauernswürdig, ihre wiegende Eleganz war verloren gegangen mit dem notwendigen Zubehör, dem Wasser. Die Masten bildeten zum Meeresboden einen spitzen Winkel. Kilometerweit konnte man mit Gummistiefeln in den Schlamm hinauswaten. Nachrichten verbreiteten sich mit der Geschwindigkeit des Sturmes: In Stralsund ist der Hafen ebenfalls ohne Wasser, kein Schiff kann auslaufen. Was nun wiederum sein Gutes hatte – neue Urlauber würden nicht anlanden.

Später erfuhr ich: Der Taxifahrer hatte am wasserlosen Hafen Stralsund gewartet, sich erkundigt und war nach Rügen hinüber in der Hoffnung, von Schaprode werde der Prahm verkehren. Dann fuhr er ohne Fahrgäste zurück nach Berlin. Wir verbrachten einen ereignislosen Tag, spazierten über die Insel, suchten unsere Ungeduld zu beherrschen. Gegen Nachmittag stieg der Pegel, die „Wiking" hob sich allmählich auf Kaihöhe, schon lag die Laufbohle aufs Schiff wieder waagerecht. Abends stiegen wir auf den Dornbusch, aus der Ferne schob sich eine Fähre näher. „Morgen früh fahren wir", sagte ich.

Es wurde eine Überfahrt voller Überraschungen. Zunächst verzögerte sich die Abfahrt. Wir hatten uns oben aufs Deck gesetzt, der Sturm tobte noch ungebrochen. Brecher schlugen über die Düne, wie wir es nie vordem erlebt hatten. Endlich löste sich das Schiff mit lautem, röhrendem Laut aus dem Hafen von Kloster, legte in Vitte an, die Jachten im Seglerhafen tänzelten, aufrecht die Maste. Passagiere stiegen zu, die meisten gingen unter Deck. Das Schiff schob sich an der Fährinsel vorüber, hier mußte die Furt sein, wo man bei Niedrigwasser von Rügen mit dem Fuhrwerk herüberfahren konnte. Als steuerbords das Leuchtfeuer von Gellen aufkam, lief die Fähre unruhig, sie stampfte und schlingerte. Nachdem der Geller Haken passiert war, der Bodden hinter uns lag und wir uns aus dem Windschatten der Insel herausschoben, packte der Sturm mit wildester Kraft zu. Er gab uns das Gefühl, von der Bank aufzufliegen, an die wir uns festklammerten, inzwischen waren wir die einzigen Oberdeckpassagiere. Wir zogen uns in den Windschatten der Brücke zurück, hakten uns unter und konnten uns trotzdem nur mit Mühe auf den Füßen halten. Das Schiff brauchte alle Kraft, seinen Kurs zwischen den roten und grünen Bojen zu halten, der Sturm drückte es bald in die Nähe der einen, bald der andern Markierung der Fahrrinne, und plötzlich – ich empfand im Magen ein Verlangen nach dem auf der alten „Swantje" empfohlenen Unwettertrank …

„Jetzt wird's bunt!" schrie Momme in den Sturm und suchte Halt an einer Armatur der Brücke, „eben waren doch die Grünen noch auf dieser Seite – jetzt sind sie hier – das Scheißschiff dreht sich ja!"

Ein Mann von der Besatzung stieß mit Mühe eine Luke gegen den Wind auf, fluchend eilte er über den Niedergang in den Maschinenraum.

„Hast du den verstanden?!" schrie Momme in das Sturmgeheul. „Irgendwas von Maschinenschaden?"

„Ist dir auch so im Magen nach Korl Wothkes Korn?" fragte ich und wartete keine Antwort ab. „Ich hol uns jetzt mal eine Medizin gegen Seekrankheit. Bin gleich wieder hier. Du wartest hier, auf keinen Fall unter Deck gehen. Falls der Kahn Schlagseite kriegt, reißen wir eine Bank aus der Halterung und schmeißen sie ins Wasser. Das Ufer ist nicht weit – aber schwimmend ist es bei diesen Wellen nicht zu schaffen."

„Beeil dich!" rief sie. Ich wartete, bis der Bug wieder auf die Türme von Stralsund wies, und stieg hinab in den Passagierraum, unter dessen niedriger Decke ein säuerlicher Brodem hing. Mit angehaltenem Atem ging ich zur Theke. Die Gläser in den Regalen schlugen klingend gegeneinander; die Frau am Ausschank wollte gerade das Rollo herunterlassen.

„Halt, Gevatterin!" rief ich. „Erst noch einen vierstöckigen Kognak, eh wir absaufen!"

Sie goß ein, dabei stemmte sie die kräftige Hüfte gegen das Zinkblech. „Ich vermute ma', ich heure ab, wenn ich wieder heile an Land komme", sagte sie in einem Sächsisch, wie es saisonal an der Küste nicht ungewöhnlich war. Sie nahm den Schein, ich wartete das Wechselgeld nicht ab und verschwand sofort nach oben. Die frische Luft war eine Erlösung nach dem Kotzmief. „Sei froh, daß du nicht unten sein mußt, da würde dir garantiert übel – hier, trink, der hilft nicht nur gegen Zahnschmerz, er vertreibt auch den Klabautermann!" Sie nahm eine kräftigen Schluck und schüttelte sich.

Das Gegenschiff kam steuerbords auf, alle Passagiere unter Deck, manchmal verschwand es hinter den Wellen. Aber die gotischen Türme der großen Kirchen von Stralsund kamen deutlich näher. „Wir schaffen es", sagte Momme leise. „Ist doch gar nicht so scheißig, unser Schiff."

Der Sturm brauchte immer öfter eine Pause zum Atemholen, er hatte seine Kräfte verausgabt. Wir schaukelten schon im Strelasund, der Zufahrt zum Hafen. Unten klaubten wir unser Gepäck zusammen. Ach, was für ein trauriger Anblick, die stolze Hansestadt Stralsund, die für irgendeinen besonderen Tag ihrer Geschichte festlich geschmückt war. Der Sturm hatte alles niedergerissen, Blumengirlanden und bunte Papierketten, Plakate, Aufsteller, Transparente. An der Pier lag das Segelschulschiff „Wilhelm Pieck", zum festlichen Anlaß über die Toppen geflaggt, aber wie sah der prächtige Zweimaster nun aus, gerupft und gezaust.

Nach dem Anlanden stellten wir fest, daß kein Bus vom Hafen zum Bahnhof fuhr, die Straßen waren blockiert durch entwurzelte Bäume. Wir schulterten das Gepäck, den Trageknüppel hatten wir leichtsinnig auf der Insel gelassen, und schleppten es durch die vom Sturm verwüstete Stadt zum Bahnhof. Und selbst nun waren wir noch nicht sicher vor den Unwetterfolgen, denn der Zug hatte bald nach der Ausfahrt einen langen Aufenthalt, weil Astwerk die Schienen sperrte.

Nicht lange nach dieser glimpflich verlaufenen Rückreise von der Insel gehörte mir ein Teilchen davon. Das kam so: Meine Schwester suchte in Berlin, bevollmächtigt in Sachen „Dünenhaus", die Ständige Vertretung der Bundesrepublik auf. Ich begleitete sie bis zum Eingang in der Hannoverschen Straße. Sie blieb lange in dem Gebäude. Derweil saß ich mit Momme auf einer Steinmauer in der Sonne. Endlich trat die Besucherin in die Tür und schüttelte schon dort den Kopf. Sie erzählte, als wir von der Hannoverschen in die Friedrichstraße einbogen: „So hatte ich mir das nicht vorgestellt. Völlig ahnungslos, hilflos. Wir sollen uns an die örtlichen DDR-Organe wenden, sie können überhaupt nichts tun. Oder an die VoPo. Verstehst du das?"

Wie aufs Stichwort erschien vor uns eine Doppelstreife der Volkspolizei und verlangte von mir „die Personaldokumente".

Als ich nach dem Grund der Kontrolle fragte, sagte der eine: „Wir machen hier öfter Personenkontrollen."

Davon hatte ich nie etwas bemerkt. Zehn Jahre lang saß ich in einem Verlagsbüro in der Friedrichstraße, während der Mittagspausen war ich im Viertel spazierengegangen – ich kannte den Kiez so genau, wie man ihn kennt nach einem Jahrzehnt als Fußgänger. Ich zeigte den Ausweis, und wir konnten weitergehen.

„Unsere sind komplette Idioten", sagte meine Schwester. „An die Polizei wenden – die meldet sich sogar von selbst …"

Ich wußte von meinen Spaziergängen, daß in den umliegenden Hauseingängen Zivilisten mit Telefonen postiert waren, die den Besucherverkehr in der Ständigen Vertretung überwachten.

„Ich war gemeint, nicht du, deine Personalien kennen sie bereits vom Einreiseantrag", sage ich, als müßte ich ihre Landsleute in Schutz nehmen.

Von diesem Tag an erlosch Bertis Interesse an seinem ehemaligen Besitz, er hatte inzwischen wohl auch Lastenausgleich erhalten, Genaues sagte er nicht darüber. Eines Tages erhielt ich einen Brief, wenn es uns gelänge, die Grundbucheintragung zu ändern, dann sollten wir es behalten – „wir kommen ohnehin nie mehr auf die Insel …"

Ab sofort lernte Momme den Weg durch die Instanzen kennen, ihren Bemühungen war aber, wiewohl gespeist durch unerschöpfliche Insel-Sehnsucht, kein Erfolg beschieden. Da hatte ich also einen Placken Land auf der Insel, noch dazu an bevorzugter Stelle, und konnte ihn nicht nutzen.

Hier würde die Affäre ihr Ende haben, hätte sich die Weltgeschichte nicht voranbewegt in unerwarteten Bahnen. Denn eines Sommers war alles, alles ganz anders auf der Insel.

Ich wohnte damals in einem schrägwandigen Zimmerchen in einem Häuschen in Vitte-Norderende, ich bezahlte es mit dem neuen Geld, das wir nun hatten, und meine Partnerin war Tanja. Ihr Haar war vom hellsten Blond, ihre Augen strahlten im blauesten Blau, sie stammte aber nicht aus dem Baltikum, sondern aus der Ukraine. Eine überdurchschnittliche Unternehmungslust war ihr eigen, was wenig im Einklang stand mit dem Schwermütigen ihres blauen Blicks, dem Erbe ihrer slawischen Herkunft, wie sie meinte. Mit Tanja zog ich von Nord bis Süd über die Insel, sie wollte alles kennenlernen – manches konnte ich nun selbst nicht deuten.

Zum Beispiel hatte die Auslage des Buchlädchens in Vitte eine Wandlung durchgemacht. Verschwunden die seit je gewohnten preiswerten Ausgaben der „Bibliothek Deutscher Klassiker", die Bildbände, Taschenbücher, sogar die hier unverzichtbare nautische Literatur fehlte – und wofür wurde Tabula rasa gemacht? Für Konsalik-Romane. Ich verbürge mich mit meinem großen Poeten-Ehrenwort, daß ich tatsächlich 38 (in Worten: achtunddreißig, zweimal nachgezählt) Romane ein und desselben Autors gezählt habe. Ich stand fassungslos vor dem Schaufenster, und Tanja sagte mit hartem Zungen-R:

„Verrat, irgendwie verraten die ihre Leser. Und bekloppt – findest du nicht?"

Andere Änderungen ließen uns kalt, oder gefielen uns. Vor Anker lagen schnittige Hochseejachten, deren Heimathäfen wir bloß von der Landkarte kannten. In Vitte, wo es in einem Lädchen früher stundenweise bei einigem Glück zähe Fischbrötchen gab, holten wir einen geräucherten Aal, und die Verkäuferin zeigte uns mehrere zum Aussuchen, plötzlich waren wir in einem Schlaraffenland. Unserem Häuschen schräg gegenüber war, man brauchte nur über die Wiese zu laufen, eine Verkaufsstelle in einem Wohnzimmer eingerichtet, da gab es bis in die Abendstunden edle Flaschenbiere, Boddenjauche mochte offenbar niemand mehr trinken. Hier und da standen Telefon- und, noch wichtiger, Toilettenhäuschen. Und es gab plötzlich genügend Restaurants. „Inselbar"-Paule hatte eindeutig das Monopol verloren, nicht ganz so eindeutig die christliche Blockpartei, die sich – wie früher die jungen Aussteiger – neu orientierte. Wassertaxis warteten auf Gäste, die unabhängig vom Segelplan der Fähren eiligst nach Rügen oder aufs Festland wollten. Auch am Kiosk von Vitte war ein Monopol gebrochen, „Neues Deutschland" und „Ostsee-Zeitung" mußten sich behaupten gegen ungewohnte Blätter.

Auf dem Dornbusch waren die Zäune und die Einrichtungen der Marinesoldaten wie auch sie selbst verschwunden, auch das Nebelhorn schreckte oder warnte niemanden mehr. Und Erfüllung eines alten Inseltraums – der Leuchtturm durfte bestiegen werden! Die Insel hatte sich in zweierlei Richtungen vergrößert. Wanderte man in diesem Sommer der großen Veränderungen auf dem Gellen zur Südspitze, so bestand nicht mehr die Gefahr, in den Rücken geschossen zu werden, allenfalls lief man einem Naturschützer in die Arme, der um die Brutstätten seiner Schützlinge bangte. Später sperrte ein schlichter Draht und daran ein Schild mit höflichem Text den Durchgang ins Vogelschutzgebiet.

Einmal ließ ich Tanja zurück, die sich beim Gellen-Leuchtfeuer im Sand ausstreckte, um ihre glatte Haut noch tiefer zu bräunen, und stapfte durch Sand bis zum Geller Haken. Ich wollte die Einzelheiten einer „Republikflucht über die Seegrenze Nord" ausprobieren. Etwa auf der Höhe vom Bock, einer Insel, ging ich ins Wasser, es war hier spürbar wärmer als oben an der Hucke. Ich lief ein Stückchen, dann stieg mir das Wasser zum Hals, danach schwamm ich einige Stöße Richtung Bock. Die Fahrrinne konnte nicht allzu breit sein. Ich schwamm zurück und begriff, daß genau hier ein Abschnitt deutscher Geschichte zu Ende gegangen war. Mit der Exklusivität der Insel war es wohl auch zu Ende – junge Leute konnten nun anderswo „mal Pause machen", an den Hippiesträuden von Goa oder auf Mallorca, oder in Katmandu, da kam jetzt jeder hin, wenn es bezahlbar war.

Noch etwas hatte sich geändert. Für mich entscheidender als alles bisher Genannte – die Geschichten waren anders geworden. Man hörte jetzt andere Geschichten über vertraute Gegenstände. Man konnte sie nicht nur schreiben, sie wurden sogar veröffentlicht. Von Tanja hörte ich die wundersamsten Vorgänge, die so gar nicht übereinstimmten mit der bis vor kurzem verbindlichen Parole „Von der SU lernen heißt siegen lernen!" Tanja verspürte die Wandlungsprozesse in ihrer fernen Heimat am deutlichsten bei ihren Dolmetscheinsätzen im Kontakt mit Landsleuten. Wie diese Geschichten wirkten, kann man sich nur verdeutlichen, wenn man bedenkt, daß das Leben in der DDR von zwei Axiomen dirigiert wurde, an denen nicht der geringste Zweifel erlaubt war: erstens die Diktatur des Proletariats, zweitens der „unverbrüchliche Bruderbund mit der UdSSR".

Wir wanderten über den Enddorn zum Bessin. Die Insel gabelt sich dort in Alt- und Neu-Bessin. Kilometerweit verlaufen flache Sandflächen im Wasser, eine vergleichbar einsame Landschaft mit gleichen Anteilen von Meer und Land habe ich später auf dem Radhoo-Atoll der Malediven kennengelernt. Tanja und ich, nackt bis auf die Sonnenbrillen, liefen Hand in Hand über den Bessin, was zu Nebelhornzeiten so untersagt war wie das Betreten des südlichen Gellen. In der Ferne sahen wir undeutlich im Sonnenglast ein Boot anlanden, vielleicht schon neue Strandwächter? „Komm", sagte Tanja, „die sind so unsicher wie wir."

Auf der Wanderung in der großen Einsamkeit des Bessin erzählte sie die Geschichte von der Sense. Schritt für Schritt, Satz für Satz spürten wir den heißen feinen nachgiebigen Sand unter den Sohlen, die Sonne brannte auf der Haut, die so gebräunt war, daß wir kein Sonnenöl mehr brauchten, der Wind zauste uns die Haare.

„Von der Sense – hab ich dir schon erzählt, ja?"

Eine Gruppe Wissenschaftler besucht Berlin. Spezialisten für schwere Agrotechnik. Aus verschiedenen russischen Betrieben, sie kennen sich nicht genau. Erst in Berlin haben sie Gelegenheit, einander kennenzulernen. Oft muß man Tausende Kilometer weg sein, ehe man von Zuhause zu sprechen beginnt.

Jegor sagt: Mein Vater hat mir aufgetragen, eine Sense aus deutschem Stahl mitzubringen. Er weiß nicht so genau, wo mein Kongreß stattfindet.

Wie alt, dein Vater? fragt Semjon.

Anfang neunzig. Wir hatten einen Hof bei Minsk. Unter Stalin sind meine Eltern ins Tatarische verjagt worden. Vor ein paar Jahren sind wir zurückgekehrt in die alte Heimat. Väterchen besorgt den Garten. Er sagt, russische Sensen sind ein Dreck.

Er weiß Bescheid, sagt Semjon. Aber wenn ich gewußt hätte (grinsend), daß du ein Kulakensohn bist, hätte ich mich geweigert, mit dir ins selbe Flugzeug zu steigen.

Semjon und Jegor trinken ihr Berliner Bier im Bewußtsein, daß es sich zu russischem Bier verhält wie die deutsche Sense zur russischen.

Jegor fragt: Dein Vater, Semjon Semjonowitsch?

Mittelbauer an der Wolga. Mit ebenfalls genauen Vorstellungen von der Qualität einer Sense. Nach Omsk verbannt. Als wir zurückzogen, ist er verstorben. Unterwegs.

Ja, sagt Jegor. Unsere Väter. Auf ihr Wohl noch ein Bier!

Nächsten Tags besichtigt die Gruppe einen Betrieb im Thüringischen. In einem Dorfkonsum entdeckt Semjon eine Sense.

Mach dein Väterchen glücklich, Jegor, sagt er. Die Sense wird gekauft.

Er ist einundneunzig? vergewissert sich Semjon. Jegor nickt. Dann sag ihm, daß es Kruppstahl ist.

Sie verabschieden sich in Moskau-Scheremetjewo. Bis auf nächstes Jahr – wie das bei Dienstreisenden so ist. Tatsächlich treffen die beiden Kulakensöhne in Berlin wieder aufeinander.

Lebt dein Alter noch? fragt Semjon.

Er hat noch den Herbstschnitt gemacht, dann hat er sich gelegt. Wir standen um sein Bett. Seine letzten Worte waren: Stirbt sich leicht, wenn es auf dem Heimatboden ist ... Übrigens – erinnerst du dich an die Sense?

Und ob, sagt Semjon.

Ich hab sie ihm übergeben: Kruppstahl! Er betrachtet sie. Mit einundneunzig – ohne Brille. Hier, Söhnchen, hat er gesagt, lies!

Was stand? fragt Semjon grinsend.

Produkt UdSSR.

Du hast sie re-importiert. Da hättest du sie gleich daheim kaufen können.

Stimmt, sagt Jegor und stößt sein Halbliterglas an Semjons Humpen. Und zwar Kruppstahl. Führen sie nämlich neuerdings ein.

Ich drückte im Gehen einen Kuß auf Tanjas Wange. Ein Einfall kam mir, nicht zum ersten Mal: „Was meinst du, Tanja, dein Land und mein Land – ob sie nicht auch deshalb untergehen mußten, weil sie ihre Geschichten nicht ertragen konnten?"

„Sie wußten immer alles besser und wollten immer recht haben. Aber Geschichten haben ihr eigenes Leben", sagte Tanja und ließ sich im Sand nieder. Wir saßen nackt nebeneinander in der großen Einsamkeit einer großartigen stillen Landschaft, unsere Sonnenbrillen waren das einzige Zugeständnis an eine andere Welt. Tanja suchte mit ihrem schwermütigen blauen Blick die Küste ab, das Boot war vom Bessin verschwunden. Die Sonne stand eine Handbreit vom Horizont entfernt, wir mußten uns auf den Rückweg machen. Tanja sprang locker auf und zog mich aus dem Sand hoch. Hand in Hand liefen wir zurück. „Eine Geschichte für den Rückweg – vom sowjetischen Alltagshelden, von dem man siegen lernt?" fragte sie und erzählte:

Der alte Pawel war also in Rente gegangen. Der Betrieb hatte ihm eine Nachzahlung geleistet, alles in kleinen Rubelscheinen, anders hatte es der Hauptbuchhalter nicht. Aus Jux breitete Pawel die Scheine im Zimmer aus, vielleicht wollte er auch seiner Frau imponieren. Es klopfte. Nachbar Banjul kam herein. Durch die offene Tür zog es, die Scheine erhoben sich wie Schmetterlinge. Banjul verwundert und neugierig: Was ist bei dir los?

Pawel ungerührt: Ich trockne gerade die Blüten, die ich heute nacht gedruckt habe. Mach doch endlich die Tür zu!

Banjul merkte, daß er auf den Arm genommen wurde. Man muß Falschgeld bei der Miliz melden, sonst macht man sich strafbar.

Kaum war er gegangen, trafen zwei Milizionäre ein. Natürlich fanden sie keine Druckerpresse. Wer hat uns eigentlich hierher gerufen? fragte der Ranghöhere ärgerlich.

Mein Nachbar Banjul, gab Pawel Auskunft. Er hat mir die Blüten zum Trocknen gebracht. Sein Ofen zieht nicht.

Die Milizionäre gerieten in Wut und suchten bei Banjul. Eine Presse fanden sie in dessen Kate auch nicht – aber einen Destillierapparat! So kam also doch noch eine Anzeige zustande – wegen Schwarzbrennerei.

Mit dieser Geschichte waren wir in Grieben angelangt, wo wir einkehrten auf ein Glas Wein – italienischen, so etwas gab es ja nun. Wir stießen darauf an, daß unsere wahren Geschichten nie mehr in die Verbannung geraten sollten.

Und meine eigene Geschichte – wie ging sie nun aus? Bin ich aufgrund der geänderten Verhältnissen, nachdem die neuen Geschichten sich durchsetzten, Grundbesitzer auf der schönsten aller Inseln geworden? Dieses Glück war Momme und mir nicht vergönnt. Wir hatten nach dem Beitritt juristische Schritte eingeleitet, da ließ Berti mitteilen, daß er seinen Rechtsanspruch abgetreten habe an einen Anwalt, wie es sie zuhauf gab in jenen Übergangszeiten – sie zahlten die Eigentümer aus, übervorteilten sie zumeist, die Klärung der Sachverhalte war ihre Aufgabe, die sie sich gut bezahlen ließen. Daß bei mir ein Brief lag, mit dem ich die Schenkung hätte nachweisen können, hatte mein Schwager schlicht vergessen. Es ging schließlich um Geld.

Diesen Brief wirst du nicht heraussuchen, beschloß ich, wäre schade um die Zeit. Und vielleicht ganz gut, wie es gekommen ist, womöglich wärst du geworden wie der Einbeinige. Aber ein paar Quadratmeter hätte ich gekauft, wäre ich von der Transaktion unterrichtet worden.

Diese Gelegenheit war so endgültig vorbei, wie heute auf Sylt oder am Bodensee Fuß zu fassen. Als ich Major die Geschichte erzählte, meinte er: „Hättest du wenigstens die zwanzig Mark damals behalten.“

Vierter Spaziergang
Von A (wie Ahlbeck)
bis Z (wie Zingst)

Von Walter Benjamins „Technik des Schriftstellers in dreizehn Thesen" nehme ich die neunte besonders ernst: „Nulla dies sine linea – wohl aber Wochen."

Als unverbesserlicher Flachland-Wintermuffel, unter dessen Sohlen nie Schnee- oder Schlittschuh befestigt war, bevorzuge ich für die zeilenfreien Wochen den Sommer, wenn auch in den letzten Jahren die Schwierigkeiten gewachsen sind, mit dem Urlaub jenes Loch in der Wolkendecke abzupassen, das wie ein Schlitzverschluß die Sonne für eine Momentaufnahme freigibt. Da ich das Meer auch in seinem grollenden Zustand liebe und nicht nur unter vergißmeinnichtblauem Himmel, bin ich nicht unbedingt sonnenhörig. Aber schön ist auch wieder, sich am Strand auszustrecken und genüßlich geschehen zu lassen, daß der heiße Sand das Rheuma ausbrennt und die Brandung das Literatengemurmel aus den Ohren wäscht, das den längsten Teil des Jahres die Arbeit am Schreibtisch untermalt.

Leider rechne ich nicht (die Gründe kennt der Leser aus dem dritten Spaziergang) unter die Grundeigner, die an bevorzugten Punkten unserer Ostseeküste schon in frühen Jahren Hundehütten zimmerten, an deren Hinterfront später Strandvillen angebaut wurden. Das Nomadenhaft-Unbeständige, die Zickzackspur des Umgetriebenen unterscheidet meine Urlaubskennlinie von der unbeirrbaren Geraden jener Beneidens- (oder eher Bedauerns-?)werten, die für die nächsten fünfundzwanzig Jahre im voraus ihr Urlaubsziel nicht weniger sicher kennen als im abgelaufenen Vierteljahrhundert.

Wie es nun der Zufall wollte, die Iden des Juli eines Jahres lange vor dem Beitritt begrüßte ich im Seebad Bansin auf der Insel Usedom, an der östlichen Grenze des Landes. Gleich bei der Anmeldung gelang mir ein feiner Trick, indem ich höflich, indes fest ablehnte, einen Strandkorb anzumieten. Denn ich habe Erfahrung mit Strandkörben. Erstens sind sie ungeeignet für die Bauchlage, welche beim Sonnenbad so wichtig ist wie die Rückenlage. Zweitens stehen Strandkörbe meist zu dicht beieinander, was wiederum ihre dritte und unangenehmste Eigenschaft verstärkt: Fast alle wirken wie Lautsprecher. Aus unerfindlichem Antrieb geben sich Menschen im Urlaub überphonig. Männer reden ungedämpft auf ihre Frauen ein, Frauen erziehen lautstark Kinder, Kinder überbrüllen sich gegenseitig, um die elterlichen Anweisungen zu übertönen, die Transistorradios aber bleiben Sieger über alle, klangschöne Dialekte werden überspült von der Ferienwelle: Wir wünschen allen Feriengästen ruhige und entspannungsreiche Tage, es folgt der Wetterbericht – ein ortsfestes Tief über der östlichen Ostsee …

Nein, lieber schultere ich das Strandgepäck und stapfe durch den Sand in Richtung Ückeritz, bis zu einsameren Plätzen, wo man einen flachen Sandring aufschaufelt und mit einem Holzpflock kennzeichnet: Belegt bis Ende Juli! Erstaunt hat mich, daß hier wie überall an der Küste diese unbürokratischen Pachtverträge zumeist auch respektiert werden, und während ich in meiner selbstgeschaufelten Kuhle lag und nach den Schiffen sah, die in der Oderbucht schaukelten und auf einen Platz im Hafen warteten, stellte ich mir vor, wie dereinst die Datschenviertel zwischen Thüringer Wald und Ostsee wie der Sand am Meer nach den gleichen unkomplizierten Verfahren jederzeit benutzt werden könnten von jedermann, der Lust auf Erholung verspürt.

Einmal sah ich in Bansin Plakate, sie versprachen den Auftritt einer Schlangentänzerin. Da ich von meinen indischen Wanderungen weiß, wie sich Schlangen anfühlen, halte ich sie für weniger geeignet, von Frauen auf der nackten Haut getragen zu werden, interessierte mich deshalb für andere Bekleidungsarten, zum Beispiel die Nachtwäscheschau eines volkseigenen Textilbetriebs, dessen Kreationen nach den ebenfalls bebilderten Plakaten zu urteilen mindestens ebenso verführerisch wie Schlangenleder wirkten, vermutlich auch dessen Preis erreichten – doch weiß ich nichts Genaues darüber, weil bewußte Nachtwäschemodenschau natürlich längst ausverkauft war, als ich abends von meinem fernen Strand in Ückeritz heimkehrte. Beide Veranstaltungen, Schlangen- und Modenschau, fanden übrigens in einem Café statt, das seinen Namen nach dem Wohnsitz der germanischen Götter führte, Asgard, aber entgegen der nordischen Mythologie hatte man das Dach nicht goldgedeckt, immerhin waren die Wände mit Seidentapeten bespannt und das Personal nicht so grimmig wie Wotans Schar.

Schließlich suchte ich doch noch die Gesellschaft von Schlangen – im Tropenhaus, das jeden Blumenfreund und Aquarianer entzücken wird, wobei die besten Besuchstage die sonnigen sind – da ist es unter dem grünen Blätterdach leerer, wenn auch nicht kühler als am Strand.

Von Bansin aus ist auf erst schmaler, dann bequemer Promenade das Ostseebad Heringsdorf zu erwandern. In der „Villa Irmgard" hat 1922 der russische Dichter Maxim Gorki gewohnt, er schrieb dort an seiner Autobiographie „Meine Universitäten". Ob dem lungenkranken nikotinsüchtigen Gorki die Seeluft von Heringsdorf helfen konnte? Wenige Jahre nach dem Krieg wurde in „Villa Irmgard" ein Museum eingerichtet. Ich erinnere mich an ein Foto, das die Trauerfeierlichkeiten zu Gorkis Tod dokumentierte. Der Sarg wurde von Mitgliedern des Politbüros oder des ZK der KPdSU getragen. Für die offizielle Literaturgeschichtsschreibung der Sowjetunion war Gorki vergiftet worden von „konterrevolutionären" Ärzten. In wessen Auftrag, wurde nie geklärt. Immerhin hatte Stalin unter den Sargträgern aufgeräumt, man-

che Historiker lasten ihm auch den Tod des Dichters an …
Diese Überlegungen hatte ich natürlich erst nach dem Ende
des Sozialismus; ob das Museum samt seiner Geschichtsklit-
terung die Zeiten überdauert hat, weiß ich nicht …

Einen bereichernden Nachmittag und Abend verbrachte
ich im Atelier des Bansiner Malers Rolf Werner, dessen Bilder
ich schätzte, weil sie Farbe haben ohne die Aufdringlichkeit
eines Überoptimismus, und weil sie einen Zug zum Naiven
bewahren, ohne damit aufs Modische zu spekulieren, denn
von seinen früheren Arbeiten, entstanden im Kriegsgefange-
nenlager, bis zu der kleinen Landschaft, die eben auf der Staf-
felei durch winzige Tupfer ihr Spätnachmittagslicht erhält, ist
dieser Maler sich gleichgeblieben in seiner Art, die Welt auf-
zufassen, was vielleicht die sicherste Art ist, nie aus der Mode
zu kommen.

Die halbe Nacht saßen wir vor dem Kamin, die eichenen
Kloben flackerten und wärmten unsere Haut, der Rotwein
erwärmte unsere Herzen, während der Seewind das Rohrdach
kämmte und durch unsere Geschichten summte …

Vom Ostseebad Bansin schlug ich mich in abenteuerlichen
Bahnreisen über Wolgast nach Rostock durch, zu dessen weit
und rechtens gerühmtem Bücherbasar ich erwähnter Eisenbahn wegen ein wenig zu spät eintraf, was in der Kröpeliner
Straße vermutlich nicht weiter auffiel, weil sie in diesen zwei
Basartagen einem Ameisenhaufen glich, worin jedes Einzel-
wesen von dem Willen gelenkt ist, in möglichst kurzer Zeit
viele Buchstände zu erreichen und vom Autor signierte Bü-
cher mit sich zu schleppen.

Als nächstes verschlug es mich weit nach Westen, in das
Ostseebad Rerik. Niemand wußte zu erklären, was den Un-
terschied macht zwischen einem Seebad (Bansin) und einem
Ostseebad (Rerik). Vielleicht ist es der Strand, der hier stei-
nig, dort sandig ist. Und noch ein Unterschied fiel mir auf.
An Stelle der Papierkörbe im Seebad hatte das Ostseebad am
Fuß seiner Steilküste, unmittelbar hinter den Strandkörben,

Mülldeponien einrichten lassen. Den Vormittag hindurch, solange die Lautsprecher-Strandkörbe noch zur Sonne und mit der Rückseite zum Meer gedreht sind, genießt der Urlauber den Ausblick auf leere Milchtüten, Plasteisbecher, Keksschachteln und Abfälle vom Obst der Saison.

Aus meiner Berliner Umgebung vertraut mit solchen Eindrücken, floh ich sie dennoch und brach auf Richtung Osten, über eine schmale Asphaltstraße, von deren höchstem Punkt aus bei klarem Wetter die Bogenbrücke über den Fehmarnsund auszumachen ist. Hier konnte man Urlauber antreffen, die nach dem Abendbrot „Westen sehen" gingen, mit Ferngläsern versuchten sie die Autos zu erkennen, die die Brücke passierten – auf so bemitleidenswerte Art konnte sich Fernweh ausdrücken bei einer Bevölkerung, der nicht einmal eine Besuchsfahrt mit dem Schiff nach Fehmarn gestattet war.

Die Behörden waren gegen diesen Polit-Voyeurismus machtlos, auf dem Meer konnten keine Sichtblenden aufgestellt werden wie am Bahnhof Berlin-Friedrichstraße, wo man die in den Westen fahrenden Züge nicht sehen sollte.

Jenseits von Meschendorf, in Richtung auf Kühlungsborn, ist der Strand weniger dicht besiedelt. Bemerkenswert fand ich, wie hier zwei Ansichten oder besser zwei Haltungen aufeinandertrafen. Die eine besteht darin, die Haut in ihrer Gesamtheit bräunen zu lassen, die andere legt Wert auf die Erhaltung von kartoffelkeimbleichen Intimgürteln, in einfacher und doppelter Ausführung, je nach Geschlecht. Ich selbst bekenne mich zur ersten Gruppe, schon aus Bequemlichkeit, weil ich die clownesken Verrenkungen und Versteckspiele scheue, die sich zwischen Strandkörben beim An- und Ablegen der herkömmlichen Badebekleidung eingebürgert haben. Interessant war nun, daß die Gesamtbräunungsmethode rasch Schule machte, obwohl doch kein FKK-Schild aufgestellt war. Auch hier hatte ich, bei geschlossenen Augen, eine Vision: Ich sah Strände, an schmalen Abschnitten für BKK (Bedecktkörperkultur) ausgewiesen, andernorts waren alle

Prüderien verschwunden und mit ihnen jene Herren, die mit dem Feldstecher im Strandhafer auf Anstand lagen ...

Das Ostseebad Rerik schien mir dort am reizvollsten, wo es keine Ostsee mehr hat, auf seiner Rückseite gewissermaßen, welche das Salzhaff genannt wird: eine Bucht, durch die Halbinsel Wustrow gebildet, mit flachem Wasser, in dessen Uferröhricht Vögel leben. Unter Führung eines ornithologisch gebildeten Freundes sollte ich diese Vögel unterscheiden lernen. Abends zogen wir die Schuhe aus und wateten ins Haffwasser, befuhren es auch mit dem Schlauchboot – leider erwies sich mein Unterscheidungsvermögen als nicht kräftig genug ausgebildet, den Sichelstrandläufer von der Lachmöwe und wiederum diese von Rotschenkel oder Regenpfeiferähnlichen abzuheben. Aber ich genoß die Stille über dem Haff (soweit sie nicht durch Übungsflüge und Zielmanöver unterbrochen) und erbaute mich am beruhigenden Dreiklang von Wasser, Wald, Himmel. Ebenso bewahrt das Hinterland des Salzhaffs diesen stillen, freundlichen Charakter.

Durch Zeitungslektüre angeregt, ging ich in Neubukow in die Schliemann-Gedächtnisstätte, sie war im Hinterraum der örtlichen Bibliothek eingerichtet und gab ein paar Fingerzeige, wie ein Mecklenburger Pfarrerssohn sich voranbringt vom Laufburschen zum Großkaufmann, wie ihn Träume seiner Jugend führen und wie er sein Geld einsetzt, einer der berühmtesten Spatenarchäologen zu werden und die Welt Homers auszugraben. Respekt vor der Mischung aus Kaufmannsglätte und archäologischem Feuer – und vor dem Ineinander von Zahlensinn und Sprachbegabung (Schliemann erlernte zwanzig Fremdsprachen!). Vielleicht hätte man, zum Anreiz einer strebenden Jugend, das Abenteuerliche in diesem Leben deutlicher sichtbar machen können, Schiffsjungenzeit und Strandung, frühe und späte Krankheiten, mittellose Jugend und zähes Lernen.

Aber ach – wie beim Gorki-Museum hat auch hier nichts Bestand! Denn heute, gut hundert Jahre nach Schliemanns

Tod, muß ich lesen, daß er zumindest aus der Sicht des türkischen Kulturministers mitnichten ein bedeutender Wissenschaftler und Wegbereiter der modernen Archäologie war, sondern „lediglich der Mann, der der Türkei den Priamosschatz und den Pergamonaltar gestohlen hat". Ob die braven Bibliothekare von Neubukow weiterhin ihr Schliemann-Bild gegen großtürkische Ansprüche behaupten? Ich war nach der Wende nicht mehr in der Geburtsstadt des genialen Troja-Ausgräbers.

Die Insel Poel, im Lexikon nur umständlich zu finden, fand ich auf Anhieb in der Wismarer Bucht, und auf der Insel den Leuchtturm von Timmendorf, dessen Architektur – fast möchte ich sagen – privat anmutet, als sei das Türmchen dem Wohnhaus beigefügt, als Hobby, weil einer gern Leuchtturmwärter spielen möchte. Ich vermochte mir vorzustellen, wie ich dort hinter dem Fenster im knarrenden Ohrensessel sitze und die Pfeife rauche und ohne mich zu erheben die Laterne einschalte, wenn's zu dämmern beginnt – aber vermutlich ist das ein nostalgisches Bild, und in Wirklichkeit findet sich an der Stelle des Ohrensessels eine lautlos funktionierende Elektronik.

Aber nun, auch im Hinterland, die Windmühle von Stove! Ein leibhaftiger Müllermeister saß in ihrem Eingang, er war zweisprachig, so verstand ich ihn auch ohne Beherrschung des Meckelnborger Platt. Die Mühle ist, fachmännisch gesprochen, eine eckige Turmmühle vom Holländertyp, mit tailliertem Aufbau überm gemauerten Untergeschoß. Auf engen Holzstufen stieg ich in den Turmkopf, der wird durch ein Hilfswindrad so ausgerichtet, daß die großen Flügel stets die günstigste Stellung zum Wind haben. Der Turm dreht sich auf einem gewaltigen Zahnkranz, könnte sich drehen, denn die Flügelachse ist mit einer Kette stillgelegt. In jedem Stockwerk spiegelt das Holz wie frisch gefirnißt und poliert, über den Abfüllklappen vermerken die Messingschildchen die Qualität des Mahlguts, ein Elevator kann die Säcke nach oben befördern, von wo der Schneckentrieb die Körner auf den Mahlstein prasseln läßt.

Sieht aus, als könnte alles sofort losklappern?

„Dat kann ok", sagte der Müller. Er zeigte die intakten Getriebe: Holz up Isen. Auf Eisen. Weniger Lärm und weniger Abnutzung.

Er erzählte mir, daß er die Mühle über Jahrzehnte selbst betrieben habe. Die Bäckerei im Nachbarort gehörte dazu. Nun habe er keinen Nachfolger mehr und seine Mühle dem Staat abgegeben, jetzt sei sie technisches Denkmal und Museum.

Das fand ich gut und nützlich, doch auch wieder beklagenswert, daß manchen Berufen mit der Zeit die Poesie verlorengeht. Ist wirklich alles unwiderruflich an die Kette der Ökonomie gelegt?

Da sah ich verwundert, daß die Flügel langsam ins Drehen kamen. Heimlich nahm ich die Kette beiseite. Die Flügelachse begann rascher zu laufen und übertrug ihre Kraft auf das Kammrad, das gab die Drehung weiter an die Königswelle, die stark wie ein Schiffsmast inmitten der Mühle gelagert ist und die Mahlgänge in Bewegung setzt, den schweren Mahlstein. Flink kippte ich den ersten Doppelzentner Weizen ins Sieb, eilte erstaunlich behende die Stufen hinab und klemmte den leeren Mehlsack unter den Abfüllstutzen. Belud den Elevator, füllte nach, prüfte die Feinheit des Mehls. Zwischendurch legte ich mich ins Fensterchen, Zipfelmütze auf dem Kopf, und hielt Ausschau nach den Wolken. Ich war zufrieden meines nützlichen Berufes, wie ich da sommers und winters aus meiner Mühle schaute, und mochte mit niemandem tauschen. Ohne mein Mehl konnten die Menschen nicht leben, und niemand rief in der Mühle an und verlangte: Windmüller, mahl feiner! Mahl Mehl, das dem Volk leichter bekömmlich ist! Niemand auch machte mich traurig mit der Botschaft: Im nächsten Jahr gibt's hundert Tonnen weniger Wind! Die glücklichsten Tage aber waren, wenn ich vom

Haff herauf Gestalten anstürmen sah, die mit vorgereckter Feder auf die Windflügel loszogen, Ritter mit vielfach zerbeulten Helmen, Visier herabgeklappt, Streiter, die ihren Aktenschimmeln wütend die Sporen einhieben, als sie im Fensterchen meine Zipfelmütze überm zufriedenen Gesicht erblickten …

Vorüber die Zeit für Märchen … Auch an diesem dritten Museum meiner Spaziergänge entlang der Küste dürfte die abrupte Zeitenwende nicht ohne Einwirkung vorübergegangen sein. Ideologische Komplikationen sehe ich weniger, aber es ist die Frage, ob sich's „rechnet"! Wenn mich je wieder der Weg vorbeiführt an diesem Ort meiner Tagträume – wundern würde mich nicht, an den Flügeln der Mühle vierfach das Logo der Deutschen Bank drehen zu sehen …

Und da ich gerade bei Zeitsprüngen bin, will ich noch etwas einfügen, weil es gewissermaßen auf dem Weg lag: Ostseebad Kühlungsborn.

Es war der DDR größtes Seebad, hat drei Bahnhöfe, die man von Bad Doberan aus mit dem „Molli" erreicht, einer bimmelnden, fauchenden uralten Kleinbahn. Vom westlichen zum östlichen Kühlungsborn zieht sich eine drei Kilometer lange Strandpromenade. Wenn man beim abendlichen Spaziergang die Augen nicht nur übers Meer, auf die gülden versinkende Sonne richtet, sondern auch auf die Mauer, von der die Düne begrenzt ist, findet man die Inschrift BRUNS-HAUPTEN und damit ein Stückchen Bädergeschichte: Im Unterschied zum benachbarten Heiligendamm, des alten Deutschland ältestem Seebad, zählt Kühlungsborn gerade ein halbes Jahrhundert, entstanden aus dem Zusammenschluß der Orte Arendsee und Brunshaupten.

Es war Hochsommer, und die See hatte in jenem fernen Jugendjahr achtzehn Grad, was nicht häufig ist. Trotzdem war das Schwimmen nicht ganz erfreulich, ständig fühlte man sich belästigt von Tang, Quallen sowie einer widerlichen Spezies schwimmender Asseln, die mit mehreren Füßen und einer beißkräftigen Zange ausgestattet sind. Es ist mir nie gelungen, diese Störenfriede zoologisch genau zu bestimmen, sie verderben die Badefreuden in manchem europäischen Gewässer. Der Urlaub gefiel mir trotzdem, denn es bahnte sich eine Romanze an, eine dieser sanften sonnendurchglühten Strandkorbgeschichten. Begonnen hatte es so: Zwei Mädchen spielten mit einem Ball, der ins Meer abtrieb. Es herrschte ablandiger Wind, der bunte Fleck auf dem Wasser entfernte sich auf schräger Bahn, hinterherschwimmen war aussichtslos. Ich rannte ein Stück den Strand entlang und schwamm im entsprechenden Winkel dem Ball entgegen. Zum Glück drehte der Wind leicht, und der Ball änderte seinen Kurs so, daß ich ihn mühelos fassen konnte. Ich übergab ihn mit den Worten: „Den hol ich nur wieder, wenn ich mitspielen darf." Das eine Mädchen lachte und sagte: „Aber herzlich gerne." An der Aussprache hörte ich, daß sie aus dem Dresdner Gebiet kam. Wir setzten uns in ihren Strandkorb (so ein Möbel brachte also auch Vorteile) und hatten keine Mühe, ins Gespräch zu kommen. Übers Blaue Wunder, über den Großen Garten, das Grüne Gewölbe – „in Dresden wird gemunkelt, es sei in Moskau", sagte sie.

„Ich weiß. Die Russen streiten es ab. Man hört ja auch, der Priamos-Schatz sei dort."

„Den Russen wird viel angelastet, wahrscheinlich zu Recht. Aber wer redet davon, daß das Hildebrandt-Lied heute in den USA ist?"

Es machte Spaß, sich mit ihr zu unterhalten. Und sie gefiel mir, es war dieser selbstbewußte Typ, auf eigenen Füßen stehend, unabhängig – heute würde man sagen: eine Ossi-Frau! Eine gewisse Kühlheit fand ich besonders anziehend, vielleicht ihr Schutzschild, wenn sich Männer zu heftig von ihrer Blondheit angezogen fühlten. Ich hatte mich bald gewöhnt an die Strandkorbgespräche, an den rotgepunkteten Badeanzug neben mir, ans Ballspielen. Ihre Kollegin hatte auch eine Strandbekanntschaft gefunden, so verbrachten wir gemeinsam eine Urlaubswoche. Bis sie mir eines Nachmittags sagte: „Morgen früh muß ich abreisen."

Ich bekam einen Schrecken, konnte mir die Woche, die von meinem Urlaub noch blieb, nicht ohne sie vorstellen. Ich hatte mir eingebildet, es sei so viel Zeit – und schon sollte alles zu Ende sein?

„Schwimmen wir noch mal zusammen raus?"

Wir hielten uns nebeneinander. Sie hatte die Figur einer Langstreckenschwimmerin, lange kräftige Arme, muskulöse Beine, die Schultern nicht überbreit, schmal in den Hüften. Wir fanden den gemeinsamen Rhythmus, Zug um Zug schoben wir uns hinaus in die etwas unruhige See. Wir atmeten unter Wasser aus, bei jedem Atemholen blickten wir uns an. Etwas Kitschiges fiel mir ein: wenn man so gemeinsam durchs Leben schwimmen könnte, oder so ähnlich, irgendwas würde ich ihr gern sagen, Zug um Zug, wir können doch nicht einfach auseinandergehen auf Nimmerwiedersehen, irgendwas will ich doch sagen, aber nicht solchen Unsinn wie aus einem Schlager, Zug um Zug dieses schöne Mädchengesicht neben mir hinter einem Wasserschleier, wer weiß, wann solch eine Chance wieder einmal kommt, also dann muß mir eben etwas Gescheiteres einfallen, noch zwanzig Züge geb ich mir, dreißig besser, das waren jetzt schon wieder fünf, oder redet es sich überzeugender, wenn man an Land ist, wir sind ja keine Amphibien – vielleicht sollten wir umdrehen …

Ich kam aus dem Rhythmus. Sah nach hinten. Kein Ufer mehr in Sicht! Eine Kralle schloß sich um mein Herz, Angst durchzuckte alle Muskeln. „Zurück!" schrie ich.

Dann geschah alles ohne Zutun des Bewußtseins. Die Arme begannen zu kraulen mit der Kraft der Verzweiflung, der Beinschlag ebenso hart, beim Atemholen unterm Arm sah ich neben mir einen Wasserwirbel, vermied aber nach vorn zu sehen, um den tödlichen Schrecken zu vermeiden: Kein Land mehr in Sicht. Ich kraulte wie ein Roboter, und die Gedanken wirbelten wie meine Arme und Beine: So geht das also, so schnell, hätte so schön werden können, so hab ich noch nie gesprochen mit einem Mädchen, hätten wir uns wenigstens mal geküßt, vielleicht findet man uns gemeinsam …

Ein scharfer Schmerz riß die Haut über der Brust auf. Zunächst begriff ich nicht, daß ich gestrandet war, vollführte noch die gleichen Kraulbewegungen, als ich längst Sand unter mir hatte. Erst war ich unfähig, mich aus dem Wasser zu erheben. Die Brandung rollte über mir aus. An meiner Seite bemerkte ich durch einen Wasservorhang rote Punkte. Himmel sei Dank, dachte ich, was für eine Schwimmerin! Taumelnd erhoben wir uns. Im Strandkorb mußte ich die Zähne zusammenbeißen, um das Klappern der Kiefer zu vermeiden. „Mir ist auch erbärmlich kalt", flüsterte sie. Wir rückten eng aneinander, dann küßten wir uns. Mir kam vor, als könne ein Kuß nicht endloser sein und nicht mehr enthalten als dieser – Dankbarkeit, Freude am wiedergewonnenen Leben, Genuß der körperlichen Wärme, und auch schon der Schmerz des Abschieds.

Am nächsten Tag wollte ich sie zum Zug bringen und mich endlich – Land unter den Füßen – erklären. Ich hatte wohl am falschen Bahnhof gestanden, wir sahen uns nie wieder. So habe ich nicht einmal den Namen des Mädchens, mit dem ich fast gemeinsam in der Ostsee ertrunken wäre, erfahren. Es blieb eine anonyme Strandkorb-Romanze aus der Frühzeit meiner Küstenspaziergänge.

Noch ein Zusatz zu meinen A-bis-Z-Spaziergängen, den Ortsnamen Wolgast nannte ich ja schon. Dort mußte man den Zug verlassen und lief über eine Brücke auf die Insel Usedom. Hier war ein anderer Zug zu besteigen, die Strecke führte nördlich bis Peenemünde, wo Werhner von Braun für Hitler die sogenannten V-Waffen baute.

Entgegengesetzt verbindet die Strecke die Seebäder der Insel: Zinnowitz, Koserow unter anderen und dann die drei großen, manchmal (je nach Epoche) als „Kaiserbäder" oder auch als „Judenbäder" bezeichneten, Heringsdorf das nobelste in der Mitte zwischen Bansin und Ahlbeck, dort waren wir ja schon zu Beginn unseres Spaziergangs.

In Wolgast, einem mittelalterlichen Hansestädtchen am Peenestrom, unterhielt die DDR eine Werft, die Peene-Werft, ihre Bibliothek hatte mich zu einer Lesung eingeladen. Danach kam ich mit einem Verantwortlichen des Betriebs ins Gespräch. Es sei ja nun alles schon ein bißchen lockerer, sagte er mir, aber die Werft dürfe er mir trotzdem nicht zeigen. Es wurden, wenn ich recht verstand, kleinere Kampfschiffe gebaut und ebensolche für die sowjetische Marine überholt. Ob die ganze Geheimniskrämerei allerdings viel Sinn mache, bezweifelte mein Informant.

Er beklagte, die Neuentwicklungen seien zwar bestens abgeschirmt – aber kaum aus dem Schutz der Halle heraus, finde man das Modell in den westlichen Flottenkalendern. Er erzählte mit einem Bewundern, das von einem Grausen untermalt war, daß die westlichen Satelliten imstande seien, aus dem All Fotos zu schießen, die das Deckpersonal auf den Schiffen mit Paßbildgenauigkeit zeige.

Am Tag darauf hatte ich eine Lesung bei Matrosen einer Marine-Einheit, ein Auto brachte mich hin, ich wußte nicht genau, wo der Standort war. Ich las ein Kapitel aus einem Reisebuch, über den Container-Hafen von Colombo und wie sich das Leben in der alten Hafenstadt durch die neue Ver- und Entladetechnik geändert hatte.

Das ergab eine lebhafte Aussprache; am Ende überreichte mir der Kommandeur, erleichtert, weil er eine Kunst-Diskussion befürchtet hatte, ein gerahmtes Farbfoto von einem Kampfschiff. Er habe dazu die Einwilligung seines Stabes erbitten müssen, betonte er, diese Einheit sei nämlich noch brandneu, für die Republik gewissermaßen noch nicht freigegeben. Ich bedankte mich und mußte an die Satellitenaufnahmen denken. Für den Abend hatte mich der Befehlshaber eingeladen zu einer Schiffsbesichtigung. Kampfschiffe sind nicht unbedingt das Objekt meiner Wißbegier, aber aus der jüngeren Geschichte erinnerte ich mich, daß die Bedingungen auf Schiffen anders sind als in Kasernen, da war mancher revolutionäre Funke übergesprungen – und immerhin hatte sich die Situation im Lande gründlich verändert, seit die Mauer durch die Schabowski-Äußerung perforiert worden war.

Es war ein Novemberabend, gefrierender Regen überzog alle Metallteile des Schiffes und machte sie gefährlich glatt. Der Politoffizier, der mich begleitete und ebensoviel Mühe wie ich hatte, sich auf den Beinen zu halten, eröffnete mir, er werde sich „im wesentlichen zurückhalten", ich möge nur nach Herzenslust fragen. Das Schiff war ein bejahrter sowjetischer Typ, mit Raketen bestückt. Ich fragte, was einem als Laie so auf- und einfällt: Ob die Gerätekiste auf dem Heck nicht beim Abfeuern der Raketen hinderlich sei? Doch, sie müsse vorher abgeschraubt werden. Ob denn überhaupt schon einmal geschossen worden sei? Ja, einmal, mit katastrophalem Ergebnis. Nichts getroffen? Ach was, das Schiff sei danach schwarz gewesen und benötigte von vorn bis hinten einen neuen Anstrich. Der Politoffizier schaute über die Reling, als ginge ihn das Schiff nichts an. Ein bebrillter Matrose, vermutlich Abiturient, nahm das Wort: „Das Schießen auf diesem Kahn ist genauso kompliziert wie das Scheißen. Toilette gibt es nur für den Kapitän, für uns – Persilkarton!" Der Politoffizier zuckte die Achseln und blickte wortlos in den Schneeregen.

Ich war froh, ohne Knöchelbruch von dem unkomfortablen Schiff herunterzukommen. In Wolgast hatte ich dann alle Mühe, in den Zug einzusteigen, er war außergewöhnlich voll. Es hatte sich herumgesprochen, daß man in Westberlin hundert Ostmark gegen Westmark tauschen konnte. Im Gedränge, mit Stehplatz endete mein letzter Spaziergang an der DDR-Küste.

Fünfter Spaziergang
Das Dolce vita
der Nischengesellschaft

Das erste Mal kam ich nach Prerow mit dem Auto von Rostock, auf Einladung eines Freundes, der mir unbedingt ein Stück Wiese zeigen wollte, wo er ein Haus bauen würde. Eine Baugenehmigung für Prerow war schwierig zu erlangen. Er war Asthmatiker, und das Klima bekam ihm. Jahre später, das Bauen erwies sich als problematisch, weil Material und Arbeitskräfte fehlten, lud er mich ein auf einen Seeurlaub, das Häuschen sei halbwegs fertig. Er versprach mir einen unkonventionellen Aufenthalt.

Das Adjektiv bestätigte sich bereits bei der Anfahrt. Wir reisten von Berlin an, unser hochbeladenes Auto blieb in der mir bereits vertrauten Wiese stecken, es hatte geregnet. Wir öffneten die Wagentüren und erlebten eine doppelte Überraschung: Das Gefährt hatte sich in ein Amphibienfahrzeug verwandelt, und es füllte sich in Sekunden mit Stechmückenschwärmen.

Mein Gastgeber fragte nicht ohne Befriedigung: „Habe ich zuviel versprochen?", während er mit einer Antimückenspray-Dose die Wiese behandelte, die sich bis zum fernen Wald dehnte. Sodann verwandelten wir uns in indische Reisbauern und wateten mit nackten Beinen dem Haus entgegen.

Jedoch die Schlösser der Eingangstür verhielten sich feindselig und sperrten sich gegen den Schlüssel. Mit Zustimmung des Hausherren klappte ich die Säge aus dem Universalmesser und sägte uns ins Heim hinein. Im Dämmern schleppten wir barfuß das Zubehör eines unkonventionellen Seeurlaubs vom Auto unters Dach. Ein guter Stern führte einen Berliner Barkas auf unsere Wiese, dessen junge Mannschaft ohne langes Fragen die Hosenbeine auf- und die Hemdsärmel (wegen der Mücken) herunterkrempelte und unserem Fahrzeug aus dem Sumpf heraushalf. Als Mitternacht heran war und wir uns zum verdienten Schlaf niederlegen wollten, machten wir eine neuerliche Entdeckung: Eine zweite Bettstatt fehlte! Unter philosophischen Erörterungen über die Schlafkultur im Wandel der Epochen fügten wir mancherlei hartes und weiches Zubehör zu einem bodennahen, aber stabilen Lager, worauf ich alsbald einschlummerte zu meiner ersten Prerower Nacht, der im Laufe der Jahre noch viele folgen sollten.

Prerow heißt schlicht Prerow, nicht Seebad, nicht Ostseebad, wiewohl es an der Ostsee liegt, und dies in gewissem Sinne gleich zweifach, denn es verfügt über zwei Strände. Sie liegen fast im rechten Winkel zueinander, durch einen Landvorsprung, Darßer Ort, getrennt, so daß je nach der Windrichtung der einen Küste eine lammfromme spiegelglatte See schmeichelt, während an der anderen die Brandung Schaum und Tang hoch auf den Strand schleudert.

Den Nordstrand kann man sich vorstellen, nach Bevölkerungsdichte und Siedlungsgewohnheiten, wie das Berliner Szeneviertel Prenzlberg, nur daß jenseits der Promenade das Wasser beginnt. Ein Strand von feinstem Sand und wenigstens so breit wie der zu Recht gelobte von Mamaia am Schwarzen Meer, darauf stehen Zelte aller Typen in tiefer Staffelung, und bis in die Dünen und in den Darßwald Wohnwagen aller Ausmaße.

Im Wohnwagen eines befreundeten Ehepaars lernte ich eine Art des Urlaubs kennen, die mir ungewohnt ist: Da durfte nichts fehlen vom heimischen Komfort, alles wurde aus dem sächsischen Stammsitz mitgeführt, die HiFi-Anlage mit einem Archiv von Musikkonserven, Kühlschrank mit Tiefkühlfach, Farbfernseher. In den Zelten ging es allerdings auch komfortabel zu. Von einem tschechischen Kollegen und seiner polyglotten angenehmen Frau eingeladen ins Nordstrandzelt, registrierte ich erstaunt, mit welch hoher Disziplin die Urlauber hinter ihren leinenen Wänden leben, mit wieviel Rücksicht auf den Nachbarn. Meine böhmischen Freunde unterhielten ein Wohn- und ein Schlafzelt. Abends bauten wir manchmal nahe beim Wasser einen Grill auf, tranken Bier und erzählten von Meeren und Küsten, wo es schön gewesen. Am Strand glommen hie und da die Glutreste unter den Grillrosten, knapp überm Wasser tauchten ab und an Lichtpünktchen auf, die zu einem sehr fernen Schiff oder schon zur dänischen Küste gehören mochten. Jedesmal zuckten wir geblendet zusammen, wenn die bleichen grellen Finger der Scheinwerfer von Zingst herüber den Strand absuchten. Immer wieder wurde man erinnert, daß man sich im „Grenzgebiet See" befand. Die latente Furcht der Staatspartei war, jemand könne dort das Land verlassen, wo der Bau einer Mauer unmöglich war: im Meer.

Nachts sah man in Richtung Bernsteininsel die grünen und roten Positionslichter der Einfahrt zum Privathafen des Verteidigungsministers, der die Darßer Landspitze als persönliches Eigentum betrachtete. In der DDR herrschten feudalzeitliche Verhältnisse. Minister und Generalität flogen mit Hubschraubern ein, wenn sie ihre Bungalows beziehen wollten. Der neuangelegte Hafen sollte das Erholungsobjekt über See versorgen. Das gesamte Areal lag inmitten eines Naturschutzgebietes, weiträumig abgesperrt. Gerüchte gediehen üppig, die den Luxus ausmalten, den sich die sozialistischen Militärs leisteten. Was kein mittelalterlicher Grundherr bewirkt hätte, das gelang den Kommandanten vom Darß: sie löschten die Erinnerung der Bevölkerung an Darßer Ort und Bernsteininsel, indem sie das Gebiet von den Landkarten verschwinden ließen. Selbst auf Satellitenaufnahmen waren diese Bereiche ausgeklinkt, Kartographie war im realen Sozialismus militärische Chefsache.

Gern bin ich am Weststrand, Ahrenshoop im Rücken, Richtung Leuchtturm gegangen. Nachts gibt er seine fast vierzig Kilometer weit sichtbaren Zeichen: zwei Lichtblitze – Pause

– vier Lichtblitze – Pause. Vor dem Leuchtturm war der Durchgang gesperrt. Wie oft stand ich, nackt unter der Sonne, am Stacheldraht, auf der andern Seite der Posten mit umgehängter Waffe, in Uniform. Gewiß verfluchte er den Müßiggänger ihm gegenüber, den er um die montur- und waffenlose Nacktheit beneidete. Die Zustände sind nie das Schlimmste, sondern erst die Gewöhnung daran. Fragte denn niemand, wieso der gewaltige Apparat für Absperrung und Bewachung sorgte, wo es kein militärisches Sperrgebiet höchster Geheimhaltungsstufe zu sichern galt, sondern (was jeder in Prerow wußte) nur das Privatvergnügen eines Ministers und seiner ranghohen Satrapen sowie ihren Gespielinnen, die ungestört – von „unseren Menschen" – einen der schönsten Ostseestrände genießen wollten.

Die Bernsteininsel vor Darßer Ort war ursprünglich bei Niedrigwasser watend oder schwimmend zu erreichen. Auf der Sandfläche soll es übrigens nie Bernstein als natürliches Vorkommen gegeben haben. Ein pfiffiger Bootseigner streute die honiggelben Bröckchen, die man bei Sturm mit einigem Glück am Strand findet, und transportierte die Urlauber hinüber, die über ihre Funde beglückt waren.

Prerow war ursprünglich auf den Dünenzügen angelegt, zwischen den Häusern bedeckten Wiesen die Senken, daraus ergab sich eine dorfunähnliche Weiträumigkeit. Noch bis Ende des vorigen Jahrhunderts wurde ein Segelschiffhafen genutzt, und am Prerow-Strom, einer Verbindung zwischen offener See und Bodden, arbeiteten kleine Werften. Als die Dampfschiffahrt aufkam, stellten sich die Einwohner um auf Fischerei. In der zweiten Hälfte des vorigen Jahrhunderts wohnten in Prerow über hundert Kapitäne, alle mit Patent für Große Fahrt. Bis heute sind Kapitäns- und Fischerhäuser an den reichgeschnitzten, bunt bemalten Türen erkennbar, sie seien, hieß es früher, auf den langen Seereisen entstanden; Tischler haben das oft bezweifelt, denn diese Schnitzereien sind keine Laienarbeiten.

Eine außergewöhnliche Beobachtung machte ich an den vor den schönen Haustüren stehenden Mülltonnen. Sie tragen nicht schlicht den Namen des Besitzers, sondern zusätzlich dessen akademischen Titel: DR. A, PROF. B ... Ich habe nicht herausgefunden, ob auf der Deponie der Titulaturenmüll gesondert vom unakademischen Abfall gelagert wird. Aber wenigstens bin ich draufgekommen, warum in meinem Wohnsitz Berlin nicht das System der graduierten Mülltonnen übernommen wird. Die hauptstädtische Müllabfuhr leert die Tonnen nämlich nach einem Rotationsprinzip, es würde bewirken, daß mit jeder Leerung der Titel an den Nachbarn weitergegeben würde.

Nicht wenige Urlauber verlassen tagsüber Wohnwagen oder Steilwandzelt am Nordstrand, um den einzigartigen Weststrand aufzusuchen – eine naturbelassene Küste ohne alle Anzeichen der Zivilisation. Kein Strandkorb, kein Sonnenschirm, keine Imbißbude – das genaue Gegenteil des nördlichen Pendants. Jeder Strand bedeutet ein besonderes Credo, Bekenntnis zu einer Lebensform, wobei der Übergang vom Zivilisationsstrand zur Urlaubs-Minimalexistenz häufiger geschieht als umgekehrt.

Den Weststrand muß man sich verdienen; Zugang mit Motorfahrzeugen ist untersagt. Die Wege vom Ort führen durch eine versumpfte Wildnis, im Sommer tummeln sich Myriaden von Stechmücken. Nach jedem Regen sind die Pfade verschlammt und kaum passierbar. Früh aufs Fahrrad, im Rucksack ein Handtuch, einen Kanten Brot, eine Wasserflasche, ein Buch – mehr Zubehör braucht's nicht zu einem vollendeten Strandtag. Das Küstenprofil ist von Sommer zu Sommer verändert. Die Ostsee ist in diesem Bereich von unvergleichlicher Aggressivität. In den stürmischen Monaten reißt sie von der Steilküste bei Ahrenshoop Land weg und spült es vor Darßer Ort an. So konnte es geschehen, daß die Bernsteininsel unbemerkt ein zweites Mal verschwand. Sie wuchs mit dem Festland zusammen.

Prerow habe ich aus unterschiedlichen Perspektiven kennengelernt. Meinen kauzigen Freund konnte ich selten bewegen,
zum Weststrand mitzukommen, an den Nordstrand mochte
er ohnehin nicht, ihm genügte, am Meer zu wohnen, er
mußte es weder sehen noch darin schwimmen. Benachbart
lag das geräumige Anwesen eines Mannes, der das Wichtigste
besaß, was man in der DDR besitzen konnte: Beziehungen.
Es war für ihn eine Ehrgeizfrage, alles besorgen zu können,
was knapp und gefragt war: mundgeblasenes Glas, Schnitt-
blumen, Jagdhunde, Wassermelonen, Turnschuhe, Fußbälle,
Räucherfisch. Er beschaffte gern en gros. Einmal brauchte ich
für einen Geburtstag eine Rose. Eine einzige, geht das? Abends
hatte ich hundert Rosen.

Dieser Mann, kein Norddeutscher, vergab zu günstigsten
Bedingungen Zimmer, er stand im Ruf, „prominentengeil"
zu sein, wer ins Haus wollte, mußte überm Durchschnitt liegen. Es versammelte sich sommers eine DDR-untypische Gesellschaft. Da war ein Opernsänger, der sich gern galant gab,
nach dem Handkuß pflegte er manchmal unterm Tisch nach
seiner Zahnprothese zu suchen. War er gut drauf, schmetterte
er eine Baßarie, daß die Wände des nicht kleinen Raums zit-
terten, wo abends sich alle Gäste zur Reunion einfanden.
Eine Frau, von den Illustrierten als Modell-Emanze gefeiert,
hielt mit ihren arachnophoben Abneigungen alle Gäste in
Spannung, sowie das harmloseste Spinnentier an der Wand
erschien, unterbrachen alle die Mahlzeit und nahmen die
Jagd auf. Der zugehörige Ehemann war ein Sportsmann, er
saß in der Chefetage des Radios, einen Sommer lang suchte
er zum Vorteil einer jungen Schauspielerin aus seiner Ehe zu
entspringen, übers Jahr stellte er sich wieder brav und geläu-
tert neben der Gattin ein und zog für sie auf Spinnenjagd.
Ein stellvertretender Verteidigungsminister (mit den ortsbe-
kannten Bungalows hatte er nichts zu tun) verblüffte mit grie-
chischen Zitaten. Eine Geigerin, von der es hieß, ihr als Mu-
sikus geschätzter Ehemann traktiere sie mit Prügeln, erschien

mit einem neuen Partner, der sich angeblich nur mit tamilischen Texten befaßte, was nicht überprüfbar war, da er mit niemandem sprechen wollte. Fast alle Gäste waren mit aufwendigen Freizeitbeschäftigungen vertraut, Jagd, Hunde, Waffen, Reiten und Pferde. Eines Nachmittags forderte ein General der paramilitärischen Organisation GST dazu auf, Sektkorken von einem Strandkorb mit dem Luftgewehr herunterzuschießen. Alle schossen daneben. Ich lachte sie aus und verließ mich auf den Zufall, der mir treffen half.

Ein Schauspieler, der in einer beliebten Krimiserie den Polizisten spielte und privat gern darauf verwies, daß er einen Volvo („wie Erich") fahre, schaute mir jeden Morgen argwöhnisch nach, dann ging ich nämlich weit in die Wiese hinaus, da hatte ich mir einen Schreibplatz eingerichtet, wo ich zwei Stunden ungestört indischen Erinnerungen nachsinnen konnte. „Wenn dein Papa so fleißig jeden Tag schreibt", sagte der Mime einmal zu Momme, „könnt ihr vielleicht auch eines Tages Volvo fahren." Er peinigte uns, weil er sich als Trinker, der er tatsächlich war, nicht gebührend beachtet fühlte – er wollte, hatte ich den Eindruck, zugleich bewundert und bedauert sein. Abends fanden oft Steak-Parties statt; wenn das Dessert serviert wurde, beschimpfte er alle, weil man ihm auch Eierlikör übers Eis gegossen hatte oder – im umgekehrten Fall – weil er Eis ohne Eierlikör bekam. Mir schien bedenklicher als seine Alkoholprobleme zu sein, daß er sein Ich verloren hatte, oft sprach er von sich als dem Oberleutnant Soundso – es war die Rolle, die er dem Fernsehvolk wöchentlich vorspielte.

Auf einer der Steak-Parties erzählte ich einen alten jüdischen Witz, den ich von einem jüdischen Freund hatte. Ich hätte es lieber lassen sollen. Ein Tierarzt fühlte sich persönlich gekränkt, seine Frau war als Österreicherin gewissermaßen exterritorial und hielt sich heraus, Ephraim Kishon wurde zitiert pro und kontra, als fast alle zerstritten waren, sagte der Ministerstellvertreter, er habe über den Witz herzlich lachen müssen – als Halbjude! Darauf sagten einige, zu aller Überraschung: „Was, du auch?"

Unter versöhnendem Gelächter wurden neue Flaschen entkorkt, die geleerten stellten wir gewöhnlich bei Sonnenaufgang als „Zaun der Schande" vor die Haustür.

Manchmal brach die Zeit brutal in unser Ferienparadies ein. Eines Sonntagmorgens zum Beispiel, als alle auf der Terrasse beim späten üppigen Frühstück saßen. Eine Frau, die einem Münchner Malweib aus dem Kreis der Gräfin Reventlow ähnelte und der niemand abnehmen wollte, daß sie drei Söhne hatte – sie wurde also an diesem Sonntagmorgen ans Telefon gerufen, kam zurück mit bestürzter Miene und bat die Militärspezialisten zu einem Gespräch. Bis zum Mittagessen wußten alle: Einer der Söhne, als Grenzer stationiert, hatte den Absprung probiert, und man hatte ihn gestellt. Was war da zu tun, wer konnte raten? An solch einem Tag gab es keine fröhliche Steak-Party.

Der Hausherr hielt seine Gäste bei Laune und sorgte aufs beste für sie. Sein Privatleben war unübersichtlich, zweien seiner Partnerinnen hatte er im Ort Ferienhäuschen bauen lassen, gelegentlich gerieten sich die aktuellen Favoritinnen in die Haare, das konnte Fernsehqualität haben, wenn zum Beispiel eine die andere mit der Reitpeitsche aus dem Strandkorb vertrieb. Ja, das war also die Nischengesellschaft mit ihrem Dolce vita – doch gar nicht so langweilig wie ihr Ruf.

Und jetzt wieder der stereotype Wechsel – stark wie an der Küste von Binz, wie auf Hiddensee, wie zwischen Ahlbeck und der Insel Poel wirkte sich der Zusammenbruch des sozialistischen Systems auch in Prerow aus. Als der Stacheldraht verschwand, konnte jeder die Legenden über der Militärs Feriengewohnheiten nachprüfen. Verblüfft lief ich zwischen den Baracken durch den Sand und schaute durch die noch unzerbrochenen Scheiben. Kein Geschmack, kein Stil, keine Ansprüche. Die Laubenpieperseligkeit des Kleinbürgers, die Eindrücke vom Politbüro-Ghetto Wandlitz wiederholten sich.

Nichts hinderte die allmächtigen Funktionäre, Holzpaneel, Plastkacheln, Sprelacard zu kombinieren. Alles Klein-Klein im ersten deutschen Arbeiter-und-Bauern-Staat, zweckmäßig allenfalls, kostengünstig, ohne jeden Hauch von Großzügigkeit. Woher sollten sie es auch haben, ihre Kinderstuben waren eng, ihre Bildung bezogen sie von den Volkshochschulen, Luxus galt als eine Sünde der Großbourgeoisie. Irgendwie war ich enttäuscht, wie wenig sie mit ihrer Macht anfingen, zugleich war mir auch klar, daß ihre politischen Entwürfe nichts Visionäres haben konnten, die doktrinäre Enge ihrer Ideologie schlug sich auch in einer kleinbürgerlichen Lebensweise nieder.

Was gab es sonst an Veränderungen im Ort? Außer Betrieb war das erst jüngst errichtete Erholungsheim für Stasi-Mitarbeiter mit Schwimmhalle und eigenem Kraftwerk – eine Hotelkette übernahm den abscheulichen Bau. Ansonsten durchlief Prerow einen erfreulichen Wandel in seiner Infrastruktur – Fahrradwege wurden angelegt, die Pflasterung erneuert, Telefonhäuschen erschienen, eine Bedürfnisanstalt an der Bushaltestelle, eine Sparkasse mit Geldautomat, eine Seebrücke, eine neue Apotheke, und vor allem viele Restaurants, von denen gewiß einige wieder verschwinden werden. Das Erscheinungsbild des gesamten Ortes änderte sich.

Ich kam kurz nach dem Scheitern des „realen Sozialismus" nach Prerow, um eine Radiosendung zu produzieren. Ein glücklicher Umstand führte mich in den Kulturkaten „Kiek in" zu einem Veteranenclub. Ich bat darum, ein Mikrofon zwischen die Kuchenteller und Kaffeetassen stellen zu dürfen. Vierzig alte Damen, zumeist Witwen von Fahrensleuten, und ein einziger Mann! Sie sangen ihre schönen plattdeutschen Lieder und erzählten, platt und hochdeutsch, wie die neue Zeit über sie gekommen war. Es war ein Kunststück, das Stimmengewirr aufzudröseln:

„Wir haben früher ruhiger gelebt. Das Schöne ist, wir können reisen, wohin wir wollen – wenn der Geldbeutel dazu da ist. Wir kriegen unsere Rente und können ruhig leben. Dafür haben unsere Kinder große Probleme. Man muß heute wirklich bangen, daß sie ihren Arbeitsplatz behalten. Mecklenburg ist besonders arg dran mit der Arbeitslosigkeit. Wir hatten früher hier zwei Großbetriebe, Faserplattenwerk in Ribnitz und Schiffsanlagenbau in Barth – beide sind eingegangen. Die ganze Landwirtschaft kaputt, sechshundert Angestellte waren das in der LPG. Der FDGB, der einen Großteil der Bevölkerung im Tourismus beschäftigt hat, ist auch weg …" Mit steigender Erbitterung Übergang zum Dialekt: „Allens kaputtgemacht bi uns, die LPG, und jetzt holn se dat Gemüs un Obst von Ausland, Fleisch holn se von Ausland, unsre Swine wurn kaputtgeschlan, un allens is vergiftet, dat die Lüt krank wurn, ob das Babynahrung is oder wat, holens alles lieber von Ausland, als uns die Fabriken lassen, dat wi det ham, jetzt is scha Kapitalismus pur …" Fazit, wieder hochdeutsch: „Das war, weil wir alle nicht so geschäftstüchtig waren. Wir haben kein Mißtrauen gehabt, das ist unser Fehler gewesen. Wir waren gewöhnt, daß wir ehrlich sind zueinander. Und dann kamen die Geldleute, und die sind ja so raffiniert … Das sind wir nicht gewöhnt gewesen, und das schiebt man uns sehr gern als Dummheit unter …"

Mit dem Fahrrad fuhr ich durch den Ort und sah mir an, wie die Spekulationsgier der „Geldleute" Prerow verschandelte. Kaum ein Bauherr richtete sich nach dem bisherigen Erscheinungsbild, oberstes Gebot schien, daß die Baufläche maximal genutzt war für Eigentumswohnung, vermietbare Pension, Ferienbungalows. Gegenüber der Post der „Kapitänsgarten", Neubauten im ehemaligen Thälmann-Lager, Schwedenhäuser am Waldhain – alles keine Bereicherung für das ehemalige Fischerdorf. Die Klopper Dammstraße – Ecke Grüne Straße, zu groß, auch die Neubauten am Mühlenpark. Der Campingplatz ist überbelegt, ein Unternehmer hat ihn der Gemeinde abgeschwatzt für ein Butterbrot auf ein Vierteljahrhundert, Wohnwagen walzen jetzt die Dünen platt, sie dürfen bis dicht ans Wasser, diese Plätze werden besonders teuer vermietet.

Ich ging in das Lädchen der einstigen Haarmode-PGH, ließ mir die Haare schneiden und dabei erklären, wem das Unternehmen jetzt eigentlich gehörte. So ganz klar war das nun nicht, offenbar hatte der einstige Vorsitzende sein Know-how genutzt und das Zepter ergriffen.

Und sonst? Von den sogenannten IM, inoffiziellen Stasi-Mitarbeitern, sei der eine verschwunden, der andere betreibe einen prosperierenden Laden – ob's wirklich nur zwei waren? Verschwunden natürlich auch die Gäste aus dem gastfreundlichen Haus des großen Beschaffers. Vom Vizeminister hatte ich bald nach dem Ende der DDR gehört, er sei einem Herzinfarkt erlegen, vom Volvo-Fahrer hatte ein Boulevardblatt berichtet, er sei vereinsamt gestorben. Den Tierarzt fand ich in den IM-Listen, die von einer regionalen Zeitung veröffentlicht wurden. Den Gastgeber der Dahingegangenen oder in alle Winde Verstreuten traf ich eines Abends an der neuen Seebrücke. Er habe jetzt beste Beziehungen zu Abgeordneten verschiedener Parteien, berichtete er stolz – sein Know-how brachte ihn wie den Friseur voran …

Und der FKK-Strand? Stimmen aus dem Veteranenclub: „Im zweiten Jahr nach der Wende gab's ja ziemlich heftige Diskussionen von westlicher Seite, man hat das Nacktbaden in Grund und Boden getreten: Naja, die kennen's im Osten halt nicht anders …" Nacheinander bedrängte Prüderie bieder-protestantischer oder bayrisch-katholischer Manier eine arglose heidnische Nacktheit, die sich schon einmal, unter Ulbricht, Anwürfen ausgesetzt sah, weil die Einheitspartei die Erinnerung an die Freikörperkultur der Arbeiterbewegung zu verunglimpfen suchte – als bourgeoise Entgleisung. Der Westen setzt in diesem Punkt Ulbrichts Erbe fort – Geschichte kann sehr zynische Momente haben … Heutzutage liege ich vor der Düne, sehe Touristenkarawanen den Weststrand entlangpilgern unter hochstehender Sonne – was sie ablegen, ist allenfalls das Schuhwerk. Viele richten die Ferngläser nicht auf See, um die winzigen Schiffe an der Kimm auszumachen, sondern in Richtung Dünen: eine neue Chance in der Reisebranche, Voyeurtourismus Richtung Ost …

Unberührt von allen Zeitereignissen, zumindest äußerlich, finde ich Prerows Seemannskirche. Sie ist die älteste auf dem Darß, 1726 erbaut. Ein wuchtiger dreischiffiger roter Backsteinbau, der Glockenturm aus gedunkeltem Holz angesetzt, an der Außenmauer Grabsteine mit eingemeißelten Segelschiffen. Die Badegäste, die in der Saison hier den Glauben auffrischen, bemerken den schönen Barockaltar vielleicht weniger als die geschnitzten Segelschiffe, gestiftet von Prerower Kapitänen. Wenn die kleine Gemeinde nach der Sonntagsandacht die Kirche verläßt, vom Pastor freundlich mit Handschlag verabschiedet, dann zieht sie durch ein Portal, über dem ein altersdunkles Ölgemälde einen Schiffsuntergang vor Zingst darstellt, mit einem Heiland, dem gegeben ist, was alle Seenotrettungsstationen entlang der Küste überflüssig machen würde – ER schwebt über den entfesselten Wassern …

Tröstlich fand ich übrigens auch, was über den Privathafen des Ministers gesagt wurde. Noch nutzten ihn Yachten und ein Schiff des Seenotrettungsdienstes (das Wandeln über den Wassern blieb zu sehr ein unbestätigtes Einzelereignis, als daß man sich darauf verlassen hätte). Im Verlaufe kommender Jahre, sagten die Grünen voraus, werde der Hafen verlandet sein. Die Natur selbst korrigiert die Eingriffe des Menschen, leider nicht alle …

Letzter Spaziergang
An den Hippiestränden von Goa, während mein Land versinkt

Ende September 1989, eines mit deutschen Ereignissen voll-gestopften Jahres, verwartete ich weitab meiner Heimat viel Zeit im aufgeregten, lärmigen, stickigen Bombay. Und emp-fand Sehnsucht. Nach daheim? Weniger. Ich wollte an die Strände von Goa. Mehrmals täglich flog eine Maschine die kurze Strecke. Warum stieg ich nicht ein?

Der Zufall ist auf Reisen ein allgegenwärtiger Partner, oft spannt er ein Netz zwischen weit auseinanderliegenden Punk-ten. Tausende Kilometer entfernt vom Hotel The Ambassa-dor, wo ich auf dem Bett in Schweiß gebadet lag, Tee trank, Zeitungen las und von den Küsten Goas träumte, war das hochmögende Mitglied einer arabischen Herrscherfamilie von Allah abberufen worden. Trauer war deshalb vorgeschrieben für die Bevölkerung, also auch für die Mitarbeiter des Konsu-lats der Vereinigten Arabischen Emirate in Bombay, wo ein Sichtvermerk eingestempelt werden sollte in meinen Paß, da-mit ich auf dem Rückweg von Goa nach Berlin zwischenlan-den konnte in Abu Dhabi. Denn zurück wollte ich doch da-mals, im Herbst neunundachtzig. Oder?

Die Ungeduld des Wartens wurde verschärft durch eine Unruhe, die von gewissen Zeitungsmeldungen ausging. Man muß wissen, in Indien sind die unzähligen Zeitungen, die es gibt, so intensiv mit dem eigenen Land beschäftigt, daß Eu-ropa kaum erwähnt wird. Ab und an fanden sich doch ein paar Zeilen: „Hunderttausend Menschen sind in Sonderzü-gen unterwegs von Prag durch Ostdeutschland in den Westen … Auf dem Bahnhof in Dresden (Saxonia) sind die Gleise belagert von Ausreisewilligen … Polizei setzt Wasserwerfer und Schlagstöcke ein …"

Alle Meldungen ähnelten einander. Danach lief das Volk davon in Scharen. Jeder Siebte äußerte die Absicht auszureisen. Kaum war eine Woche vergangen, fehlte dem Land die Bevölkerung einer Kleinstadt. Sollte, müßte da nicht irgend etwas geschehen? Kompromisse, Reformen, vielleicht ein Revirement im Politbüro? Machte man keine Krisensitzung, kein Sofortprogramm? Sie warteten es ab. Wollten sie es aussitzen? Später war Unglaubliches zu erfahren: Kein einziges Mal stand das Problem der „Republikflucht" auf der Tagesordnung des Politbüros!

Höfliches Klopfen an der Zimmertür riß mich aus den sorgenvollen Überlegungen. Der Roomboy brachte eine neue Kanne Tee und die letzte Ausgabe der „Times of India". Ich blätterte hastig die Seiten durch. Hier: „Neuerdings werden Drohungen zitiert, gegen Demonstranten notfalls im ‚chinesischen Stil' vorzugehen … Leipziger Kampfgruppeneinheit kündigt an, konterrevolutionäre Aktionen zu unterbinden, notfalls mit der Waffe …"

Ich bekam ein flaues Gefühl im Magen und mischte, obwohl längst noch keine Sundowner-Zeit war, einen Whisky in den Tee. Wann ist „notfalls"? grübelte ich. Stehen wir vor einem Bürgerkrieg? Soll ich, kann man heimkehren in ein Land, wo geschossen wird? Auf Menschen, die raus wollen? Ich war draußen – und wollte zurück?

Das Telefon klingelte. Eine Angestellte des Konsulats übermittelte die Einladung zur Feier des vierzigsten Jahrestags der DDR. „Dunkler Anzug erwünscht. Hotel Oberoi."

Ich war seit Wochen in Indien unterwegs gewesen, in meinem Gepäck hatte ich nur angeschmutztes Khaki, Arbeitskluft eines Künstlers in den Tropen – die Republik würde sich seiner hoffentlich nicht schämen?

Das Oberoi ist ziemlich die nobelste Adresse in Bombay. Ich ging zum vierzigsten Jahrestag der Gründung meines

Heimatlandes in Begleitung von Mario Miranda, einem bekannten indischen Cartoonisten, dessen Gast ich in Goa sein
sollte, sobald die Araber ihre Trauer ablegen und wieder Visa
ausstellen würden.

Am Eingang des Bankettsaals begrüßte uns der Generalkonsul in Schwarz mit rotem Binder, die Gattin in Rot mit
schwarzer Perlenkette, beide mit goldigem Lächeln standen
vor einer schwarz-rot-goldnen Flagge, die samt Emblem aus
Blumen gesteckt war, für Indien ein typisches Arrangement.
Die Gäste waren nicht wenig an der Zahl, aber der Bankett-
saal schien mir eine Nummer zu groß für den Anlaß, ein
hoher Raum in Mattbraun und Gold, mit Kübelpalmen
unter Kronleuchtern, nichts Indisches, die Feier hätte sonst-
wo stattfinden können, solche Säle gab es auch in Warschau
oder Paris oder Helsinki. Von einem unsichtbaren Tonband-
gerät rieselte Musik über die Gäste und erinnerte sie daran,
Bach ist ganz deutsch und Beethoven wenigstens zu Teilen.
Ein Buffet war in der Saalmitte aufgebaut, dort zogen sich die
Gäste zusammen, so daß die Saalwände sichtbar blieben. Es
war angenehm kühl. Das Hotelmanagement hatte große Ziffern aufstellen lassen, 4 und 0, eine Aufmerksamkeit für die
Republik.

Small talk nennt man diese Gespräche, die wenig Inhalt
haben und andere Untermalung verlangt hätten als Beethoven und Bach:

Hallo, Herr Gesandter, ja danke gut, und selbst? Respekt
der Gattin! Dank für die Glückwünsche – immerhin, auch
vierzig Jahre können schon eine Last sein … Bonjour, Mon-
sieur, doch doch, wir sind uns schon begegnet, ich denke in
Delhi bei einem Empfang, Sie schauen blendend aus, wirklich. Ah, Madam, Sie auch hier, wie angenehm, eine Zierde
des Festes, verraten Sie mir, sind das Mondsteine in Ihrem
Kollier? Steht Ihnen ganz entzückend … Zum Wohl, Herr
Konsul, wie sieht's denn jetzt bei Ihnen daheim an der Mol-
dau aus? Die Botschaften immer noch überlaufen? Verfluchte

Geschichte, das ist wahr, für Sie wie für uns, und kein Ende abzusehen, die laufen wie die Lemminge, einer hinterm andern her – Ihr Glas ist ja leer? Hallo Kellner! Nehmen Sie Whisky oder Pilsner, Herr Konsul? Cheers! Auf guten Ausgang! ... Excellency, erfreut! Danke der Nachfrage; ja, habe Vorträge an der Academy in Delhi gehalten, jetzt noch paar Tage nach Goa, private Einladung, und Stippvisite in den Emiraten, kleiner Umweg auf der Heimreise nach Berlin. Pardon? Nein, nichts Direktes aus Berlin. Ich hab ja keinen diplomatischen Status, es dauert, bis vertrauliche Informationen zu einem Künstler vordringen. Was sagen Sie, Gorbatschow soll gesprochen haben? Vielleicht hat mein Generalkonsul schon eine Sprechererklärung dazu, wie man es zu interpretieren hat ... Danke, Excellency, Glück kann das Geburtstagskind brauchen, aber ob das allein ausreicht? ... Good afternoon, my dear Sir, irgendwelche Neuigkeiten? Wow! Im TV haben Sie's gesehen – einen Bruderkuß mit Gorbi? Verzeihung – Judaskuß? Hm. Schon möglich, daß Sie recht haben. Aber wer von den beiden ist Judas? Ich möchte mich da nicht festlegen, ausgerechnet an einem Feiertag wie diesem! Alt hat er ausgesehen, der Honni, sagen Sie? Kränklich? Das wird noch die Gallenkolik sein von Bukarest. Als Lokomotivführer wäre er längst berentet, den Staatszug darf einer fahren bis neunzig. Aber das wissen Sie ja am besten, damals mit Ihrem uralten Präsidenten, dem Urintrinker – na dann cheers! ... Hallo, Professor, Glückwunsch zum neuen Buch, nein, gelesen noch nicht, nur geblättert, ich nehm's mir für den Rückflug vor – aber diese kleinen scharfen Würstchen möchte ich Ihnen heiß empfehlen, da haben Sie was wirklich Gutes aus meinem Land ...Grüß dich, altes Haus, immer noch Handelsrat? Wie gehen die Geschäfte? Wirklich so gut, wie es die Zeitungen daheim schreiben? Geheime Verschlußsache? Ich weiß, ich weiß, alles bei uns ist geheim, selbst das Wetter. Ein richtiger Geheimstaat sind wir geworden, wie – ? Ein Geheimdienststaat? Das hast aber du gesagt. Kleiner Scherz, wie? Sonst geht keiner mit der Leich. Die Musik hier ist auch wie beim Begräbnis, wer arrangiert das eigentlich, die Hoteldirektion? Ah ja, Bach und Beethoven auf Wunsch des Generalkonsuls? Schön jedenfalls, dich mal wiederzusehen, Handelsrat! Letztes Mal war es – warte mal – in Kairo. Bei der Buchmesse, richtig? Nehmen wir noch einen Whisky – wer weiß, wann wir uns wieder begegnen – zum fünfzigsten Jahrestag, meinst du? Ob dann noch Leute im Land sind, das Fest zu richten? Also cheers, halt die Ohren steif, es kommen wohl lausige Zeiten … Hallo – Ihren Namen hab ich nicht verstanden, Mister …? Für welches Blatt? Sagt mir nichts, Entschuldigung. Ob ich Budapest kenne? Natürlich kenne ich Budapest, nein, eine Stellungnahme gebe ich trotzdem nicht – da drüben steht der ungarische Konsul, vielleicht sagt der Ihnen was über seine Hauptstadt … Ob ich was? Jetzt in Honeckers Haut stecken möchte? Na hören Sie, Mister, bei dieser Gattin! Pardon, just a joke, vergessen Sie's. Bye, bye …

Hier ein Wort, da ein Sätzchen, langsam ergab sich ein Bild von dem, was daheim der Moskauer Zuchtmeister seinem verstockten Zögling am Jubeltag als Lehre mitgegeben hatte.

Der Saal leerte sich. Mario war noch einmal zum Buffet gegangen. Ich stand allein und hielt mich an meinem Glas fest, noch ein Whisky ohne Soda, handwarm – allmählich stellte sich das Gefühl ein: Eigentlich ganz hübsch, wenn mein Land Geburtstag hat. Vierzig Jahre geworden. Kann sich's leisten, einen Saal im Oberoi zu mieten, einen kühlen Saal in dieser Backofen-Stadt. Kann schottischen Whisky auffahren und Würstchen und Beethoven. Treibt Handel mit aller Welt. Schickt sogar seine Schriftsteller in die Welt. Kann sich eigentlich sehen lassen, so ein Land, ohne Arbeitslose, Bettler, Hungernde, Obdachlose. Aber warum bitte weigern sich Hunderttausende, im Paradies zu bleiben? Waren denn diese vierzig Jahre, ein großer Teil unseres Lebens, für nichts? Wurde

jetzt alles zunichte durch den Starrsinn des vergreisten Politbüros? Unter der Führung des Mannes, dessen Porträt aus
jüngeren Jahren dort neben der 40 an der Wand hing? Judas-
küsse – wer verriet den Kommunismus? Der Russe hatte
recht, Reformen waren das Mindeste – nur, wer schlägt sie
vor? Wer bindet der Katze die Schelle um? Das kann den
Kopf kosten – die Generallinie der Partei anzuzweifeln!

„Ahoi, Mario, noch einen letzten Whisky? Bei euch trinkt
man vernünftigerweise erst nach Sonnenuntergang, und jetzt
ist Nachmittag, das viele Geschwätz macht einen zudem wirr,
es ist auch sehr warm geworden im Saal, findest du nicht?
Jetzt kommt mir tatsächlich vor, als ob die Vier und die Null
– Mario, schau doch die Zahl – das sind ja Tränen! Die
Vierzig weint …"

Mario sah flüchtig auf die 40, dann auf mich. Er sagte
nachsichtig: „Weint? Du bist ein Poet, Richard. Komm, er-
kenne die Wirklichkeit!"

Er nahm mich beim Arm und führte mich zur Wand. Da
begriff ich – die Ziffern waren aus Eis. Sie hatten geholfen,
den Saal zu kühlen. Das Fest war zu Ende, das Eis schmolz,
Tauwetter …

Den Abend verbrachte ich in der Hotel-Lobby, ließ mir
vom Kellner Lemon-Soda mit Salz und Pfeffer würzen und
zog Meldungen aus dem Ticker.

„In den Abendstunden versuchten in Berlin Randalierer die
Volksfeste zum vierzigsten Jahrestag zu stören … Die Rädelsführer wurden festgenommen. Es steht fest, daß die Randalierer, zumal ferngesteuert, niemanden repräsentieren. Inso-
fern werden sie keine Chance haben …"

Wieder verfiel ich ins Grübeln. Hunderttausende können
keine Rädelsführer sein – das ist bereits ein Teil vom Volk.
Eine offene Erörterung von Problemen gab es seit langem
nicht. Keine Fehlerdiskussion! hieß die Parole der Partei. Ließ
sich darüber spotten? Angst schnürte mir die Kehle zu. Ein
Mensch verläßt sein Haus, geht irgendwohin auf ein paar

Stunden – wie er zurückkehrt, ist sein Haus verschwunden. Das gibt es. Ein Mensch reist außer Landes, irgendwohin, auf ein paar Wochen. Als er zurückkehrt – ist sein Land verschwunden. Das kann es geben, wenn sich nicht rasch alles ändert …

Die folgenden Tage brachten viel Lauferei, zum Konsulat der Emirate, zur Indian-Airlines-Agentur. Abends wieder verwirrende Meldungen.

„Reuter, 8. Oktober: Protestantische Pastoren bilden eine sozialdemokratische Partei in …" Schwandte? Nie gehört, den Ortsnamen. „A village just north of the capital." Aha. Pastoren als Sozialdemokraten? Zwei Tage später meldet dieselbe Agentur: „Ostdeutschlands kommunistische Führer haben nach landesweiten Protesten eingewilligt in Reformgespräche."

Nie gehörte Vokabeln. Und dann das Foto, Unterschrift: „Blut rinnt über das Gesicht eines Ostberliner Demonstranten. Tausende riefen: Gorbi hilf uns! und verlangten demokratische Reformen."

Man kommt sich furchtbar verlassen vor, wenn man die Vorgänge nicht mehr begreift und mit keinem darüber reden kann. Alles in Ordnung, behauptet das Konsulatspersonal, fast ausschließlich hochkarätige Genossen, wir lassen uns nicht in Panik versetzen, wie viele Stürme hat die Republik schon überlebt! Fortwährend tritt aber die Parteigruppe zusammen, für einen Außenstehenden schwierig, eine ehrliche Meinung zu hören. Jeder sichert sich nach allen Seiten.

Am besten wäre: Sofort heimfliegen. Stündlich passiert etwas Ungewohntes, Unerhörtes, geradezu Ungeheuerliches. Das Land verändert sich. Ja, es scheint fast, o Lord, manchmal sieht es schon aus, als beginne es unterzugehen. Einziger Wunsch: Sofort nach Hause. Was immer das noch ist, bedeutet …

Ich flog nicht zurück. Reisen haben ihre Eigengesetzlichkeit – was hätte ich auch tun können? Außerdem wollte ich

Mario besuchen und dann noch in die Emirate. Aber vor allem nach Goa. Wo die Zeitungen noch provinzieller, die Nachrichten noch spärlicher sein würden. In einem Dörfchen, in dem Mario sein Haus hat. Sein Schloß. Siehe, herrliche Tage brechen an. Vielleicht die letzten für lange Zeit, wer weiß. Die Heimat liegt irgendwo hinterm Arabischen Meer, sie meldet sich nicht mehr. Dafür um so kräftiger das fröhliche, wenn auch langsam zerbröckelnde Goa.

Goa, das bedeutet: durch Palmenwälder fahren, Atem holen an Stränden, Eintauchen in eine Kultur aus portugiesischem Katholizismus und indischem Hinduismus, aus Asiatischem und Mediterranem. In Häusern zu Gast sein, die weitläufig sind wie Schlösser. In niedrigen Kneipen, wo die Holzschemel auf gestampftem Lehm stehen. Goa: Hummer, Krebse, Muscheln, Austern zu kühlem Bier. Immer Musik, nachts Tanz und Fenny, ein Schnaps, der nur hier gebraut wird. Gespräche unterm schief hängenden Tropenmond, Drinks auf Hotelterrassen, Begegnungen mit einflußreichen Persönlichkeiten. Pläne und Entwürfe, ein neues Buch vielleicht, über Goa, mit Marios Cartoons. Wer denkt da noch zurück ans Oktoberland, blutige Köpfe, Schwandte, Reformen? Leben ist immer heute. Am heutigen Tag und in dieser Nacht. Die Heimat soll man nie im Kopf in die Fremde mitnehmen.

Goa ist Indien. Aber ein ganz anderes Indien. Portugiesisch geprägt. Natürlich findet sich in Goa auch „Indisches", wie ich es auf meinen Fahrten zwischen Himalaja und Kap Kormorin erlebt habe – Männer im weißen Lendentuch, Frauen im Sari, gesenkten Hauptes einen halben Schritt hinter dem Ehemann, Hindutempel mit vielarmigen Göttern, Moscheen und Minarette und niederkniende Männer beim Freitagsgebet. Und junge Burschen Seite an Seite, im Gehen die kleinen Finger ineinandergehakt.

Über die Hälfte der reichlich halben Million Goanesen sind Hindus. Und doch prägt Romanisches Goas Züge. Des riesigen Indien Antlitz trägt vielerlei Ausdruck. Fast immer weise, auch grüblerisch und geheimnisvoll, zuweilen fiebernd, asketisch, ausgezehrt, nicht selten vom Eifer des Feilschens fanatisch gerötet, aufglühend in der Hitze eines Disputs, dann wieder abgeklärt, spirituell, fatalistisch. Eines fehlte dem britischen Ostindien immer – das Lachen. Erst seit Goa zu Indien kam, hat sich das geändert. Von der ersten Begegnung an war Goa für mich das Lächeln in Indiens Antlitz, und ich liebte es dafür. Liebte seine gesegnete Natur, seine Strände mit der umwerfenden Brandung. Ich liebte die Art, wie Hindus und Christen miteinander auskamen. Ob Dreikönigsfest oder Karneval gefeiert wird oder das Lichterfest Divali, alles wird zu Musik. Man feiert gemeinsam, jeder Anlaß wird zur „function". Die Frauen stehen den Männern nicht nach. In einem Hotel sah ich eine Frau zum Tanz aufspielen – eine Frau! In Indien! Zum Tanz!

Die Häuschen in Goa sind aus Ziegeln gemauert, sauber verputzt oder verfugt. Aus Palmwedeln geflochtene Matten hängen als Sonnenschutz vor den Eingängen. Manche Häuser haben die Form von Kirchlein. An vielen Straßen sind Kreuze aufgestellt. Zwischen den Häuschen arbeiten die Bauern auf den Feldern, ziehen Tomaten, Paprika, Melonen, Süßkartoffeln, Hülsenfrüchte, Karotten. Die ummauerten Höfe empfangen den Schatten hoher Kokospalmen, von Mangos oder den mächtigen Jakbäumen, deren Riesenfrüchte direkt am Stamm ansetzen. In unregelmäßigen Gruppen wachsen Bananen- und Ananasstauden und die kostbaren Kaschufrüchte. Zwischen den Dörfern das Schachbrettmuster der Reisfelder, von Erdwällen umgrenzt, die das Wasser des Monsunregens zurückhalten.

Die vielen Tavernen in den Städten und Städtchen! Aus offenen Türen wehen Gitarrenakkorde. An den Schanktischen lehnen Männer von mediterraner Lebhaftigkeit, manche tragen eine rote Schärpe als Gürtel. Die Frauen keine Spur von Scheu wie im übrigen Indien, vielversprechendes

Augenspiel unter der Spitzenmantilla, die übern schwarzen Scheitel gezogen wird. Dünne Zigärrchen wippen zwischen roten Lippen.

Ins Dschungelgrün hineingezwängt weiße Kirchenschiffe und Türme, die ihr goldenes Kreuz in der Sonne funkeln lassen. Touristenbusse parken vor Jesuitenbarock, Ausflugsdampfer schaukeln den Mandovi hinauf im Mondenschein, bunt erleuchtet und in Musik gehüllt.

Die Straßennamen enthalten viel Lateinisches. Pärchen flanieren in der Abendsonne, Arme legen sich zärtlich um Schultern. Glocken läuten von den Kathedralen, immerzu Glockenläuten und Gitarrenakkorde, und der Singsang der Liturgie, untermalt von Mando und Fado, Corredinho, Dekni und Cumbi, Tango, Fandango, Pasodoble, Rumba, Beguin ...

In Goas Hauptstadt Panaji oder Panjim, etwa vierzigtausend Einwohner, habe ich katholische Kirchen nicht mehr als drei gezählt, zwei Hindutempel, eine Moschee, vermutlich sind einige Gotteshäuser von mir übersehen worden. Sicher ist, daß in fünfzehn westlichen Hotels ebensoviele Bars und Restaurants untergebracht sind, und ebenso wird in zahlreichen indischen Hotels ausgeschenkt. Lädchen und Buden findet man an jeder Ecke, Alkohol wird billiger als sonst in Indien verkauft, wo ich unterschiedliche Arten der Prohibition kennengelernt habe. In Goa ist nur der Monatserste „trocken", der Zahltag. Selbst dieser wird wohl nicht ganz respektiert. In einer Zeitungskarrikatur torkelt ein Busfahrer vor den Richter: Stimmt, Euer Ehren, ich habe im Dienst ein Fläschchen Fenny getrunken, aber bestraft werden kann ich dafür nicht – es war ja kein trockener Tag ...

Das Feiern scheint den Goanesen im Blut zu liegen seit alters, alles wird a function ... Als 1554 der Leichnam des Jesuiten-Missionars Franz Xaver übers Meer nach Goa überführt wurde, sprangen die Menschen übermütig in den Mandovi, der von Krokodilen wimmelte, und der Vizekönig wollte alle Glocken läuten lassen wie zum Osterfest, was die Jesuiten gerade noch verhindern konnten. Dieser Franz Xaver gehört zu Goas Geschichte und zu seiner Gegenwart. Er war einer der findigsten, zähesten, eiferndsten Bekehrer, beim Studium in Paris hatte er gemeinsam mit Loyola den Plan zur Stiftung des Jesuitenordens ersonnen. Xaver, auch Xavier, stand als Persönlichkeit dem Albuquerque nicht nach, mit dem er sich in den Ruhm der Eroberung Portugiesisch-Goas teilte – der eine mit dem Schwert, der andere mit dem Bibelwort. Mit Xaver faßten die Jesuiten Fuß auf Goas Boden. Man rechnet ihm siebenhunderttausend dem Götzendienst abgerungene Seelen an, wobei seine Mittel nicht ausschließlich die der Nächstenliebe waren, die Briefe an den Vatikan verraten es: „Wo immer ich einen Akt des Götzendienstes wahrnehme, greife ich mit meiner zahlreichen Kinderschar ein … Sie werfen sich auf die Götzenbilder, stürzen sie um, schlagen sie in Stücke, bespeien sie, zerstampfen sie und vernichten sie mit Fußtritten …"

Durch die Jahrhunderte das gleiche Bild: Wer die Macht hat, hält seine Ideologie, Gesetzgebung, Kultur für unfehlbar. Franz Xaver verfügte freilich auch über andere Mittel. Er kannte sein Goa, deshalb setzte er den Katechismus in Töne – und natürlich, wie zu erwarten: Goa sang. Sang die katholische Lehre! Aber die mit Gewalt Bekehrten beteten ihre Gottheiten weiter insgeheim an, gossen geschmolzene Butter über die im Dschungel verborgenen Götterstatuen, opferten ihnen in nächtlichem Ritual Hähne und Ziegen und vertrauten dem Astrologen mehr als dem Priester. Mit der Zeit merkte Xavier, daß dem Kreuz nur die Armen zuliefen, und auch sie nur für eine Schüssel Reis. Welcher Brahmane würde sich auf die Kirchenbank setzen neben einen Paria, einen „Reis-Christen"? Die Missonierung hatte in Goa am falschen Ende der sozialen Skala begonnen, diesen Fehler korrigierte man später. Der Italiener de Nobile begann südlich von Goa mit der Bekehrung der Brahmanen, er erkannte die Kasten an, ließ ihnen auch die heidnischen Zeichen, die Schnur und den Farbklecks auf der Stirn, allerdings weihte er die Farbe vor dem Auftragen. Dieser Weg hätte den Hinduismus in den Abgrund führen können, doch die Inquisition selbst schüttete ihn zu, als sie de Nobile des Abfalls von der rechten Lehre beschuldigte – trug er nicht selbst die Brahmanenschnur und predigte die Lehre Christi in der Sprache der Eingeborenen? So konnten die Hindus die Erscheinungsformen abendländischen Christentums voll ausschmecken. Jede Spielart erklärte sich für die alleinseligmachende: Jesuiten, Baptisten, Griechisch-Orthodoxe, Protestanten unterschiedlicher Richtung. Das Kreuz war des Kreuzes ärgster Feind im Geschäft der Bekehrung. Dem Hindu jedoch warf man die Vielfalt seiner Gottheiten vor und die sektiererische Aufspaltung seiner Lehre! Und es blieb dem arglosen fröhlichen Goa nicht erspart, das überzeugendste Argument christlicher Barmherzigkeit kennenzulernen – den Scheiterhaufen, auf dem Bekehrungen nicht selten endeten, nachdem Goa die Zentrale der Inquisition für ganz Indien geworden war …

Auf meinen Zügen durch Indien hatte ich früher schon Goa kennengelernt, aber mehr von der touristischen Seite. Hatte die Hippie-Strände ausgiebig besucht! Calangute (Schilder, nach denen sich wenige richteten: „Nacktheit verboten!"), der einsame Colva-Strand, wo Boote und Katamarane im Sand lagen mit kunstvoll geschnitzten Steven; auf Holzschildern empfahlen sich Ärzte – die kurierbaren Gebreste wurden einzeln aufgeführt, beginnend mit Sex Impatience and Veneral Deseases, Dankschreiben und Empfehlungen können vor Beginn der Behandlung eingesehen werden! Baga-Beach (hier sammelten sich Nobel-Hippies), Andschuna-Beach (der berühmte Flohmarkt der Hipppies). An vielen Stränden, immerhin hundert Kilometer in Goa, war mir aufgefallen, daß die Blumenkinder, die sich hier tummelten, daß diese junge ungebundene Generation (nie traf ich Landsleute unter ihnen) nicht aussah, als sei sie übers bourgeoise Maß hinaus glücklich, eher flackerte etwas Unruhiges in ihrem Blick, in ihren Augen spiegelte sich nicht die Ruhe der Strände, nicht das zeitlose Pendelmaß der Brandung. Waren sie enttäuscht, daß sie nicht einmal hier in diesem Paradies ihr Glück finden konnten? Oder bildete ich mir das ein, und es war der Joint, der ihren Blick flackern ließ?

Mario versprach mir auf dem Flug: „Ich zeige dir Goa, wie du es nicht kennst. Die Strände, die Hippie-Zentren, das ist ja nicht Goa. Zuerst fahren wir in mein Haus nach Lothulim. Ein Dorf südöstlich vom Flughafen Dabolim. Meinen Vorfahren hat dort viel Land gehört. Ich habe fast alles verschenkt. Der Inspektor wird uns am Flughafen abholen. Er verwaltet mein Anwesen. Er wird dir gefallen, ein pensionierter Polizeioffizier."

Der Inspektor durfte natürlich aufs Rollfeld, er begrüßte uns mit einer durch Herzlichkeit gemilderten militärischen Exaktheit. „Welcome to Goa, Mr. Richard. Es wird Ihnen gut gefallen hier." Mario erkundigte sich, ob alles in Ordnung sei im Haus. Der Inspektor, in einer tadellos gebügelten Polizeibluse, ohne Rangabzeichen, gab Rapport: „Alles o.k. Eine Kleinigkeit höchstens – gestern ist ein Affe durch die Dachlatten der Veranda heruntergekracht auf den Eßtisch ..."

Mario erkundigte sich: „Dem Tier ist hoffentlich nichts passiert, Inspektor?"

„Der Affe ist o.k. Aber der schöne Tisch, er war doch ein Erbstück ..."

„Vergessen wir den Tisch, Inspektor."

Wir fuhren mit dem Auto, und ich war neugierig auf Marios Haus. In Bombay war ich in seiner Wohnung gewesen, sie lag in einer oberen Etage eines Hochhauses an der Backbay. Nach dem Essen saßen wir auf dem Balkon, ich konnte nicht den Blick wenden vom Hafen, Mario schenkte Whisky ein und erzählte seiner Frau, wie wir uns in Mecklenburg kennengelernt hatten, auf einem Pleinair mit indischen Künstlern und Künstlern aus der DDR. Am Ende der Veranstaltung waren wir gemeinsam nach Wismar gefahren. Ich hatte Mario zum Bier eingeladen, wir sprachen über Indien und über Ostdeutschland, beim Blick auf den Hafen erwähnte Mario beiläufig, er habe auch ein schönes Hafenpanorama vor den Fenstern, wenn ich es kennenlernen möchte, wäre ich ihm als Gast willkommen. Aber nicht nur in Bombay – Goa sei seine eigentliche Heimat, sein Haus dort sei „nicht klein" …

Wir fuhren durch Bananen- und Kokospalmenhaine. Mario und ich saßen auf der Rückbank, der Inspektor neben dem Fahrer, er hatte sich halb umgewendet und machte mich mit Höhepunkten aus seiner Laufbahn vertraut. Wie er einen Mörder dingfest gemacht hatte. Wie er den Schwarzhändlern, die das Geld tauschten, auf die Schliche gekommen war … „Als Indira zu Besuch nach Goa kam, Mr. Richard – ich stand so nahe bei ihr, so wie wir jetzt im Auto hier sitzen. Sie hat genau meinen Namen und den Dienstgrad auf meinem Kärtchen an der Uniform lesen können. O Lord, wie gut, daß sie in Delhi ermordet wurde und nicht in Goa … Und als der Papst hier ankam mit seinem Auto …"

Mario lächelt zu den Geschichten des Inspektors, er hat sie vermutlich mehr als einmal gehört. Wir fahren immer noch durch Bananen- und Kokospalmenhaine.

Dann hält das Auto an einer hohen Mauer. Und ich begreife, was in Goa „nicht klein" bedeutet. Das Frontportal zeigt im Scheitel ein Familienwappen, in der unteren Etage liegt der Speisesaal, ich gehe mit großen Schritten längs und quer: zwanzig mal sechs.

Mario hat lächelnd meine Schritte verfolgt, er sagt: „Manchmal mieten sich hier Filmgesellschaften ein, wenn sie ein großes Bankett drehen wollen. Oben habe ich über die ganze Etage eine Bildergalerie eingerichtet – aber Vorsicht beim Aufsteigen, die Treppe muß ausgebessert werden."

Die beiden Seitenflügel umschließen ein blühendes Dickicht. Der Inspektor arbeitet sich krachend und splitternd zwischen den Zweigen vor und kommt zurück mit einer handtellergroßen kelchförmigen Blüte, die er mir salutierend überreicht: „Willkommen im Miranda-Haus!"

Im rechten Seitenflügel ist die Privatkapelle eingerichtet. Ich will nicht schon wieder Schritte zählen und versuche zu schätzen: Wie viele Beter könnten vor dem überreich geschnitzten Altar niederknien – achtzig, hundert? Am Ende dieses Flügels die Küche, deren unerleuchtetes Innere die Ausmaße einer Turnhalle zu haben scheint. An der Balustrade lehnen Trümmer aus schwerem, altersdunklem Holz, noch als Tisch erkennbar.

Mario führt herum im Haus seiner Vorfahren, bescheiden, freundlich, er bleibt sich immer gleich. „Hier ist dein Schlafzimmer, Richard, und hier das zugehörige Bad. Wenn ich dich um eines bitten darf: manchmal sitzt auf dem Beckenrand ein kleiner grüner Frosch – verjag ihn nicht, er ist völlig harmlos."

An den folgenden Tagen zeigte mir Mario in Lothulim und Umgebung ähnlich luxuriöse Häuser, die alle Anzeichen des Verfalls verrieten oder gar schon aufgegeben worden waren. Alle kannten sich, sie sprachen portugiesisch miteinander. Die Landsitze hatten gemein den Grundriß, die Weiträumigkeit, die Privatkapelle und besonders das überdimensionale, von einem Baldachin überwölbte Bett. Es wurde im Schlafzimmer vom Tischler zusammengefügt, so daß niemand es mehr zur Tür hätte hinausbringen können. Das Bett war das augenfälligste Symbol für die Unendlichkeit, auf die sich die portugiesischen Landherren eingerichtet hatten. Sie brachten die großzügige Lebens- und Wohnkultur des reichen Mutterlandes nach Indien und nutzten die Kunstfertigkeit der indischen Handwerker. So entstanden die noblen Sitze der Miranda, da Silva, Figueiredo, Barganza … Aber die Schlößchen waren schwer zu unterhalten. Von Haus zu Haus begriff ich immer besser, welchem Prozeß Goas Erbe unaufhaltsam unterworfen war – dem Zerfall. Der Affe war ein zufälliges Werkzeug der zerstörenden Zeit.

Mario stellte mich den Besitzern vor, so weit sie noch aushielten; der Inspektor blieb im Auto beim Chauffeur. Eines Abends, auf der Terrasse, wir saßen in Korbstühlen und nahmen als Sundowner einen feurigen Fenny, sprach Mario über Goas Vergangenheit und Gegenwart, gelassen und nachsichtig, ohne sich zu ereifern. „Eine sterbende Kultur, Richard. Du hast Beispiele gesehen. Ein riesiges Haus, darin eine einzige alte Lady. Das Haus zerfällt. Aber der Tod hat hier sanfte Züge. Du wirst das noch genauer kennenlernen."

Er brachte mich, der Inspektor saß immer auf dem Vordersitz und berichtete von seinen schneidigen Einsätzen, nach Velha Goa, ins alte Goa. Früher wurde es Goldenes Goa genannt, auch Königin des Ostens und Metropole des Orients. Das Sprichwort vermerkte: Hast du Goa gesehen, kannst du dir Lissabon sparen! Goa: 1497 von Vasco da Gama entdeckt, von Albuquerque gute zehn Jahre später erobert. Von Franz Xaver missioniert, seit 1560 von der Inquisition gepeinigt. Von da an Sitz des Vizekönigs, für zwei Jahrhunderte, dann zog die Regierung um vom alten ins neue Goa, Nova Goa, das heute Panjim heißt. Noch einmal zweihundert Jahre, dann machte Portugal Goa zu einer „überseeischen Provinz" und verlängerte durch diesen Verwaltungstrick die Fremdherrschaft um weitere zehn Jahre. Schließlich eroberten Nehrus Truppen Panjim, seit 1961 gehört Goa als Unionsterritorium zur Republik Indien.

Velha Goa betraten wir vom Mandovi-Ufer her durch einen wuchtigen Torbogen. Dahinter wurden kaiserliche Paläste sichtbar, Klöster, Jesuitenkollegien und, alles überragend, die Kathedralen. Mario führte uns hinein, der Inspektor bekreuzigte sich jedesmal. Sankt Katharina, worin Xaver die Bekehrten taufte. Franz von Assisi, erbaut im manuelinischen Stil. Sankt Cajetan als Nachbildung des römischen Petersdoms; Bom Jesus, zum Guten Jesus, mehrmals abgebrannt. Velha Goa ist reich gewesen, auf den Stapelplätzen am Ufer lagerten Seide und Porzellan, von Seglern aus Fernost beigebracht, aus Persien kamen Korallen und Perlen, von den malaiischen Inseln Gewürze. So war aus dem unscheinbaren Ela, einst Einschiffungshafen für Mekka-Pilger, das glänzende Goa geworden, mit zweihunderttausend Menschen. Die fast alle von der Pest verschlungen wurden. Die Überlebenden flohen nach Nova Goa. Zurück blieb eine Handvoll Priester. Velha Goa aber zerfiel.

Ich glaubte mich in einer Geisterstadt. Was mir zuerst auffiel – die Stille. Lautlos kriecht der Dschungel heran, von drei Seiten. Bedroht die frommen Fassaden mit seinem aufgesperrten grünen Rachen. Schnappt hier ein Bröckchen weißen Putz, dort einen Quadratmeter Mauerwerk, einige Treppenstufen hier, ein Eckchen Erker dort, einen Giebel. Die Mauer zum Fluß hin steht noch, auch das Portal, in seinem Scheitel Vasco da Gama. Wann wird er stürzen? Die Stadt schweigt, wehrlos im Würgegriff eines Dickichts aus Palmen, Lianen, Mangobäumen, Kakteen, Gestrüpp, Gras. Manchmal huscht eine Gestalt aus spaltbreit geöffnetem Tor, eilt im Mauerschatten dahin mit gerafftem Saum, verschwindet im Halbdämmer eines Kirchenschiffs, in dessen Wölbungen fern ein rotes Lichtchen glüht. Kein Kind spielt auf den Rasenflächen, kein Hundegebell ist zu hören, nirgends der Ruf eines Bettlers. Kein Gitarrenakkord, nirgendwo Gesang. Nur zur vollen Stunde die dunkle Stimme der Goldenen Glocke vom Turm der Heiligen Katharina von Alexandrien. Die wenigen gebliebenen Diener Gottes verteidigen stumm ihre Andachtsstätten gegen die tropische Natur. Feuchtheißer Brodem wölbt den Putz von den Wänden, verfleckt das silberne Altargerät, füllt Katakomben mit Moder, haucht Glasscheiben blind. Wurzelgeflecht drängt unerbittlich die Quader von Fundamenten auseinander, zähe Ranken ziehen behauene Steine ins Erdreich, Schrift versinkt. Die Natur läßt keinen Zweifel, wer den Kampf gewinnen wird. Was sind zehn Jahre, was Jahrhunderte, die Zeit arbeitet gegen den Menschen.

Mario gab sparsame Kommentare. „Auch Velha Goa ist sterbende Kultur. Aber manchmal erwacht noch gespenstisches Leben. Laß uns hier zu Bom Jesus hineingehen. Sieh den silbernen Sarkophag dort – da liegt der große, berühmte, berüchtigte Franz Xaver. Selig und heilig gesprochen und post mortem vom Papst zum ‚Protektor von ganz Indien‘ ernannt. Aber man läßt ihm keine Ruhe. In Abständen von zehn bis zwölf Jahren wird der Leichnam dem Volk gezeigt. Dabei ist etwas Makabres passiert, ein Fall für den Inspektor."

Der nahm begierig sein Stichwort auf. „Eine kolossale Geschichte war das, ich glaube im Jahr zweiundfünfzig. Die Prozession kam hier runter, genau hier, wo wir jetzt stehen, im Mittelgang. Und plötzlich springt eine Frau aus der Reihe – und beißt dem Leichnam in die Zehe!" Der Inspektor legte eine wirkungsvolle Pause ein, die Geschichte gab noch mehr her als die mit Indira. „Was glauben Sie, was geschehen ist, Mr. Richard?"

Ich sah hilflos Mario an. Der lächelte und drehte die Handflächen nach außen, als wehre er einen Ansturm von Geistern ab.

„Ein Blutstropfen wurde sichtbar", schloß der Inspektor seinen Horror-Report. „Ein Wunder? Alle haben es gesehen."

„Glaubten es zu sehen, Inspektor." Mario blieb der unfanatische Skeptiker, Aufklärer von Geblüt. „Vielleicht hätte man die Frau fragen sollen, was ihr bezahlt worden ist. Und von wem."

Ich sagte, nach meiner Meinung hätte die sozialistische Welt ganz erstaunlich viel von der Katholischen Kirche gelernt. Arbeiterführer wurden balsamiert, im Glassarg ausgestellt, ihre Porträts führte man wie Ikonen bei Prozessionen mit, ihre Aussprüche waren sakrosankt, das päpstliche Unfehlbarkeitsprinzip wurde von Lenin übernommen …

„Wie lange noch?" fragte Mario. „Das portugiesische Kolonialreich war auch für die Ewigkeit gedacht. Und nun schau dir das an – zum Trost und als Belehrung."

Wir gingen in die Kirche des Heiligen Franz von Assisi. Die Portugiesen hatten darin ein Museum eingerichtet, das von Nehrus Leuten übernommen wurde. Diese Inder waren bei Gott – bei ihren vielen Göttern! – sehr tolerant. Nichts war beseitigt. Die Porträts der Vizekönige und Gouverneure hängen noch immer, gedunkelte Bildtafeln zeigen feierlich-frömmlerische, verkniffene Physiognomien über den gestärkten Kragen von Galamontur oder Hofrock. Nummer vierundvierzig ist das letzte Porträt: Jesuitenzögling Salazar. Auch die Kolossalstatue des Albuquerque wurde nicht zerschlagen, sondern im Museum aufgestellt. Nirgendwo Spuren von Bilderstürmerei. Goa hatte seine bei Gott – und hier eindeutig: beim christlichen Gott – blutige Geschichte mit Würde und historischem Augenmaß bewahrt.

Mario wies auf eine Gestalt auf einem Sockel: „Kennst du den? Dein Kollege. Ein Mitbegründer der europäischen Reiseliteratur." Es war Camões der Einäugige. Der Soldat unter den Dichtern. Der Poet unter den Abenteurern. Der Erstbesinger von Goa. Luiz Vaz de Camões, als portugiesischer Söldner in Goa gelandet Anno 1553, ein Jahr nach Franz Xavers Tod. Den Anfang des gewaltigen Versepos trug er im Reisesack, dichtend und kämpfend fünfzehn Jahre lang unterwegs für Portugals Krone, schiffbrüchig mehrfach und in doppeltem Sinn, einmal auf dem Mekong erreichte er das Ufer gerade noch schwimmend, in der hochgereckten Hand das kostbare Manuskript. Eingesperrt in Goa mehrmals, endlich nach treuem, lebenslangem Dienst für Portugal die Heimkehr und der Druck des Lebenswerkes, der „Lusiaden". Seines Königs hochherziger Dank waren fünfzehn Milreis jährlich, entsprach zu Deutschlands Kaiserzeit etwa vierzig Mark. Das Los der Dichter … Aber wenigstens haben die Inder sein Denkmal nicht angetastet. Da sollte das aufgeklärte Europa bei den Asiaten in die Schule gehen …

Eines Tages sagte Mario: „Inspektor, sollten wir Richard nicht Martins Corner zeigen?"

„Da sind wir wenigstens sicher, daß wir keine Touristen treffen", sagte der Inspektor.

Goas Verhältnis zu den Touristen hat sich gewandelt. Auf jeden Einwohner ein Tourist, das war noch ein akzeptables Verhältnis. Aber dann hatte sich herumgesprochen, daß man mit Goas leeren Palmenstränden viel Geld verdienen kann. Neue Hotels wurden gleich im Dutzend projektiert, das ehrgeizige Ziel hieß: Pro Jahr eins komma drei Millionen Devisenbringer. Gegner dieser Pläne taten sich zusammen – die „Erwachten". Der Inspektor berichtete: „Stellen Sie sich vor, Mr. Richard, Sie kämen in einer Reisegruppe mit dem Bus vor Ihrem Hotel an, und eine Gruppe ‚Erwachte' empfängt Sie mit Spruchbändern: ‚Wir wollen eure Mark nicht!' Und während Sie das noch lesen, kriegen Sie eine Ladung Kuhmist ins Gesicht. Also, wenn Sie mich fragen, als Polizist …"

„Man sollte als erstes die Einheimischen fragen", gab Mario zu bedenken. „Für sie ist das Wasser oft rationiert. Die sagen: Ein Hotel mit fünf Sternen, das bedeutet Wassermangel für fünf Dörfer. Andererseits – von jedem dieser Luxushotels leben mehrere tausend Leute. Es besteht politischer Handlungsbedarf, aber entscheiden wird wie üblich allein das Geld. Wir lösen das Problem nicht, Richard. Also auf nach Carazalem Beach, zu Martins Corner!"

Wo der Mandovi ins Meer mündet, wurde Fort Aguada gebaut, mit uneinnehmbaren roten Wällen, Gräben, einem unterirdischen Wassertank. Hier füllten portugiesische Segler ihre Tonnen mit Süßwasser auf, wenn sie von Afrikas Ostküste her unterwegs waren nach Malakka oder China. Achtzig Meter überm Meer der klobige Leuchtturm. Neunundsiebzig Kanonen bewachten die Einfahrt nach Goa. Auch hier war alles auf unbegrenzte Herrschaft eingerichtet. Dem Fort gegenüber, auf der südlichen Seite der Bucht, liegt Martins Corner.

Herzliche Begrüßung zwischen Mario und Martin, der Inspektor salutierte korrekt. „Martin, alter Junge, komm und tische uns was auf. Hier ist ein Freund aus Germany. Dem östlichen. Zeig unserem Gast, wie man in Goa ißt."

„Und trinkt", ergänzte der Inspektor.

Es dauerte, ehe Martin wieder aus der winzigen Küche herauskam, er bestand darauf, sein grünes Arbeitshemd gegen ein makelloses weißes zu vertauschen. Wir hatten auf den Holzbänken Platz genommen, unter Goas ewig blauem Himmel, und Martin trug die Vorspeise auf, gebackene panierte Muscheln. Danach gekochte Garnelen mit Limonensaft. Dann Goas Berühmtheit, Surmoi-Fisch, delikat gewürzt und gebraten. Schließlich noch King-Fisch, in Sauce. Dazu Reis. Und reichlich Bier, weil Fisch schwimmen will. Auch Fenny, da war der Inspektor zuständig.

„Fenny ist Goas Spezialität. Nirgendwo anders zu kriegen. Warum? Weiß auch nicht. Die Goanesen wollen ihn allein trinken, denk ich. Vielleicht ist es eine Art Eifersucht, man will Fenny mit niemandem teilen – was meinst du, Mario, ist das möglich?"

Sie erzählten mir Martins Geschichte, eine traurige Geschichte.

Es soll eine Straße gebaut werden. Martin soll vertrieben werden. Er sitzt mit seiner Bude seit zwanzig Jahren hier, er war der erste. Seine Küche wird gerühmt an der ganzen Küste. Aber er verdient nicht viel daran, an jedem Gericht etwa fünf Rupees. In den neuen Hotels nehmen sie den Touristen für einen Hummer zweihundert ab. Touristenbusse finden kaum den Weg zu Martins Corner. Aber Geld ist nicht alles, sagt Martin. Es hat immer gereicht für ihn und die vier Kinder. Allmählich hat er sowieso von diesem Job genug, den ganzen Tag in der kleinen Küche, der Öldunst schlägt auf die Augen. Irgendwann wird er den Platz räumen. Aber er hängt daran.

„Ich krieg die Wut, wenn ich denk, daß sie mich vertreiben wollen. Sollen sie nur kommen, heißes Öl hab ich immer in der Pfanne …"

„Ich versteh dich, menschlich gesehen, Martin", sagt der Inspektor, „aber als ehemaliger Polizist muß ich dich warnen."

Sie ereifern sich über die geplante Straße und über eine Welt, in der nur das Geld regiert, und der Fenny rinnt durch unsere Kehlen.

Es war sehr heiß. Der Spezialbrand des Landes wirkte. Mario blieb milde und philosophisch, aber der Inspektor wurde noch schneidiger und mischte immer öfter Derbes in seine Rede. Mir war schon aufgefallen, daß er beim Trinken unter einem pornolalen Zwang Dinge äußerte, die den dezenten Mario ins Schwitzen bringen konnten.

Vom Straßenbau kam das Gespräch auf den stärker werdenden Verkehr. Der Inspektor zählte auf, wen man in Goa auf keinen Fall überfahren dürfe, wenn man Fenny getrunken habe: katholische Priester nicht, Schweine nicht, vor allem keine Betrunkenen.

„Da bist du relativ sicher, bis auf die Morgenstunden", warf Mario ein.

„Mag sein", räumte der Inspektor ein. „Aber wenn mich schon so ein gottverdammtes bepißtes Auto überfährt, dann möchte ich nicht auf irgendeinem beliebigen Scheißfriedhof verscharrt werden, sondern vor meinem Haus. Daheim, versteht ihr?"

Mario besänftigte ihn: „Dich wird man vor einer Bar bestatten, Inspektor. Mit einer Fennyflasche in den gefalteten Händen und Blumen darin."

Unbeschwerte Spaziergänge durch das herrliche Goa, philosophische Gespräche mit dem immer besonnenen noblen Mario und dazu die Bizarrerien des Inspektors – beinah vergaß ich darüber meine Sorgen.

Einmal bringt mir Mario eine undatierte Meldung aus Ost-Berlin, zögernd schiebt er mir das Blatt hin: „Einhundertsechs Polizisten verletzt, einige schwer. Hooligans, Rowdies und Kriminelle riefen staatsfeindliche Parolen und griffen

Ordnungskräfte an, sie warfen Steine, Flaschen und schlugen mit Eisenstangen und anderen Gegenständen …"

Ist das der Anfang vom Ende? Beherrscht die Polizei die Situation nicht mehr? Da ist sie wieder, die Parabel vom Mann, der sein Haus verläßt und es bei der Rückkehr nicht mehr vorfindet.

Die Briten haben einen Ausdruck: Wishful thinking. Man sucht sich die Erklärung heraus, die einem am besten paßt. Noch besser – den ganzen Komplex verdrängen. Wenigstens für die Tage in Goa. Neue Eindrücke, neue Begegnungen helfen dabei.

Jeden Abend, wenn wir heimkommen in Marios Haus und uns vor dem Abendessen in den Korbstühlen auf der Terrasse ausstrecken, steigert sich der Inspektor in seine vom Fenny befeuerten Ausbrüche.

Einmal sagt er: „Ich nehme das Abendessen heute nicht auf der Veranda. Ich will diesen Mist-Mond nicht auf meinen Teller scheinen lassen."

Mario besänftigt: „Warum brüllst du so? Stör doch nicht die Stille!"

„Ich mach mir einen Dreck aus der Scheiß-Stille!"

Mario verweist ihn milde, und der Inspektor murmelt Worte in der Goa-Sprache Konkani, die auch Mario nicht versteht. Der Inspektor zieht sich dann in die finstere Küche zurück, wo ihn kein Mond irritiert. Wenn er im Verlaufe des fortschreitenden Abends zurückkehrt, und wenn er noch ein bißchen Fenny trinkt, kommt eine vollendete, gewissermaßen polizeilich korrekte Höflichkeit und Besorgtheit um den Gast über ihn. Jeden Abend geleitet er mich in meinen Schlafraum neben der Kapelle, rückt die langstieligen Blüten in den hohen Vasen neben mein Baldachinbett, erklärt mir immer wieder die Schalter am Ständer des Ventilators, die Drehrichtung der schweren Messingbeschläge an der zweiflügeligen Tür, die Funktion der Haken vor den Holzläden der Fenster. Dann entfernt er sich ohne neu aufflammende Ausbrüche, wünscht mir, ich möge die angenehmsten Träume träumen, und zieht sich zurück. Jeden Morgen ist er der erste, organisiert unseren Tag, läuft emsig durchs Haus, scharf rasiert, im frisch gebügelten Uniformhemd: „Morning, Mario. Morning to you, Mr. Richard. Morning to everybody! War eine herrliche Mondnacht gestern, wie?"

So vergeht Tag um Tag. Ich lebe in einem Märchenschloß, eine Dornenhecke drumherum hält die Welt fern. Goa gefällt mir besser und besser. Der Herbst einer Kultur. Müssen es denn immer die zukunftsbeschwörenden Systeme sein, die unaufhörlich voranhastenden, ehrgeizigen, die beständig etwas fordern von einem? Goa – hier geht etwas in seiner alten Form zu Ende und ist doch voller Leben. Eigentlich das Gegenteil meiner realsozialistischen Heimat – da wartet man gewissermaßen darauf, daß das Leben endlich richtig losgehen wird, sobald nur alle ihren Pflichten vorbildlich genügen.

Der Inspektor erinnert: „Heute ist Markttag in Mapusa – das dürfen wir nicht verpassen, Mario. Mr. Richard wird staunen."

Goas berühmtester Markt liegt im Norden, wir müssen den Zuari überqueren.

Die Fährboote kreuzen von morgens sieben bis abends acht mit ihren in fröhlichem Himmelblau gestrichenen Blechrümpfen die Strömung. Je Boot fassen sie vier PKW oder ein Lastauto und zwei PKW und fünfzig Passagiere. Wer nachts übern Fluß will, zahlt zehn Rupees extra. Die Linienbusse setzen nicht über, sie wenden am Ufer. Sobald das Boot die Landeklappe herunterläßt, schreien die Busfahrer ihre Linien aus: Vasco-Vasco-Vasco! Margao-Margao-Margao! Einmal erkundigte ich mich während des Wartens, ob der Infrastruktur Goas vielleicht mit einem Brückenschlag zu helfen sei. Ich erfuhr, daß es Brücken selbstverständlich gegeben habe. Der portugiesische Generalgouverneur ließ sie sprengen, als Nehrus Truppen anrückten. Mit einer neuen Brücke wurde begonnen, aber es steht erst ein Pfeiler.

Als wir endlich übern Fluß sind und in Mapusa ankommen, ist der Markt in vollem Gange. Die Stadt ist mit neuntausend Einwohnern die drittgrößte, aber nicht freitags, da kommen aus allen elf Talukas die Käufer, und es vervielfacht sich die Zahl der Menschen. Am Stadtrand findet der Büffel- und Rindermarkt statt. Hütejungen kippen den Tieren eimerweise Wasser über und schrubben sie, bis man sich im schwarzen Fell spiegeln kann. Die Hörner sind mit Zinnober bemalt, rot glänzen auch die Haltestricke, die im Boden verkeilt werden.

Wir gehen über den Topfmarkt. Den Geflügelmarkt. Den Seilermarkt: Taue, Seile, Fäden, Schnüre als Naturprodukt. Eine Welt vor der Erfindung des Kunststoffs. Die Händler sitzen bei der Ware mit flinken Fingern. Kokosfasern werden gedreht, Blätter geflochten, Bambusrohre zugeschnitten. Flechtkörbe aus Palmwedeln entstehen zum Aufbewahren der Fische. Der gesalzene getrocknete Fisch hält sich darin bis in die Monsunzeit, wenn der Fluß brodelt und das Fischen gefährlich wird.

Die Körbe mit Garnelen, Hummer, Krabben, Muscheln, Austern sind mit Tangbüscheln abgedeckt und in den Schatten gerückt, sie duften nach Salzwasser. Zwei Fischweiber streiten lautstark, die eine sitzt, die Hände verteidigend auf den Muschelkörben, die andere steht vor ihr und wettert herum, die aus einem Jakbaumblatt gedrehte Zigarre nimmt sie dabei nicht aus dem Mund. Viele Marktfrauen rauchen Zigarillos, die sind dünner als Zigaretten.

Mario mochte die Badestrände und die indezente Aufführung der Hippies nicht. Er zeigte mir aber, was Goa womöglich noch mehr entstellte als die Hippie-Bräuche. Wir setzten uns ins elegante Taj-Aguada-Hotel, seine Gäste-Bungalows liegen über einen Hügel verstreut, mehrere hundert Rupees das Bett pro Nacht, und Mr. Cook und Mrs. Neckermann samt ihren rundlichen verwöhnten Kindern müssen sich nicht einmal an den Strand bemühen, wenn sie schwimmen wollen, ein Bassin ist überm Meer gebaut und sein Meerwasser viel blauer als der Ozean selbst, und die Drinks werden eisgekühlt serviert an einer strohgedeckten Bar – das wird den zahlenden Gästen als Goa vorgesetzt.

In diesem Hotel war es, wo ich in der Lobby Papierstreifen aus den Fernschreibern zog. Man konnte Börsenberichte und Fußballergebnisse bekommen, ich fand unter Politik einen Bericht, daß der Sozialismus jeden brauche, denn er habe Platz und Perspektiven für alle. Es dürfe niemanden gleichgültig lassen, daß so viele Menschen sich von ihrer Heimat lossagten, die Ursachen dafür seien vielfältig, „wir müssen sie auch bei uns suchen ...“ Der Text schien mir im Ton verlogen, er brachte nicht den Mut auf, von Fehlern zu sprechen, nur Ursachen sollten gesucht werden. Immerhin – das war vordem nie zu hören. War das noch die Partei, die immer recht zu haben glaubte?

In dieser Nacht schlief ich unruhig. Vieles ging mir durch den Kopf. Warum waren wir, einst doch Idealisten, zu Zynikern geworden? Wir grinsten nur noch über erfüllte und übererfüllte Pläne und „Gegenpläne“, über Kampagnen, die einander jagten, über den ununterbrochenen Einsatz des Wortes „noch“: noch besser, noch glücklicher, noch sozialistischer, noch entschlossener im Klassenkampf. Fortwährend wurden neue Parolen ausgegeben, neue Ziele verkündet: Überholen ohne einzuholen – war es nicht zum Lachen? Nichts mehr wurde ernst genommen, alles war on the Fritz, berlinisch ausgedrückt: für Arsch und Friedrich. Hatten wir nicht ein Parlament, das ohne zeitvergeudende Debatten alle Gesetze einstimmig annahm? Waren wir nicht Weltspitze im Butterverbrauch! Bei Wahlbeteiligung und Stimmenfälschung! Wenn dieser Zynismus ein für allemal ein Ende hätte – durch einen Umsturz, der nichts beim Alten ließ, der diese verlogene Altherrenriege aus den Machtpositionen vertrieb –, wäre es nicht ein Segen? Und doch – gab man denn sein Haus so schnell auf?

Ich wälzte mich auf meinem Baldachinbett, das Raum genug bot für drei Schläfer. Salman Rushdie fiel mir ein, dessen Namen ich in Marios Gästebuch gefunden hatte. Der Autor, der nun heimatlos durch die Welt irrte, ohne Haus, in dem er sicher sein konnte – er hatte in diesem Bett gelegen. Auch Graham Greene war im Gästebuch zu finden, der an eine verrückt gewordene Welt immer unbeirrt katholische Maßstäbe anzulegen versuchte. Eine Kirche, die auch immer recht hatte – von diesen unfehlbaren Institutionen schien die Welt allmählich genug zu haben...

Die Blumen am Bett verströmten ein herbes, beinahe bitteres Aroma. Ich tastete mich zum Fenster und stieß die Läden auf. Mondlicht lag auf dem ungemähten Rasen. Das Dach der Veranda warf einen langgestreckten Schatten. Das Haus daheim, mein Haus, die Heimat, die es nun bald vielleicht nicht mehr gab ... Es war nie ein modernes Haus, ein bißchen altmodisch, Risse im Fundament, das Dach nie ganz dicht. Immerhin – ich hatte lange darin gewohnt. Über ein halbes Leben. Gewitter überstanden und Feste darin gefeiert, eine Familie gegründet, viel gearbeitet, Freunde empfangen, Frauen geliebt ... Schwer vorzustellen, daß es das so alles nicht mehr geben sollte.

Aus wirren Träumen weckte mich des Inspektors Ruf: „Auf nach Calangute Beach!"

Wir fuhren zu einem Punkt, wo man die Bucht von Goa mit der Einfahrt nach Vasco übersehen konnte. Frachter stampften durch die Bay, die Rümpfe tief ins Wasser gedrückt von den Mangan- und Eisenerzladungen. Mit Erzexporten hatte Portugal lange den Befreiungskampf Goas abgewehrt. Als Nehru den Terror gegen die Bevölkerung durch Blockade stoppen wollte, kamen Lebensmittel über See, bezahlt mit Erz. Der Inspektor, wußte ich von Mario, stand als Polizeioffizier in Diensten Portugals. Er war für die Unabhängigkeit Goas von Indien, am besten aber, die Portugiesen blieben – auch er hatte ein Haus zu verlieren. Er hatte sich damit abgefunden, der Fenny half ihm dabei. Stand mir so etwas bevor? Aber auch jetzt war der Inspektor loyal, er räumte die Fortschritte ein, die Indien gebracht hatte.

„Außer Landwirtschaft und Erzabbau war hier nicht viel los unter den Portugiesen. Jetzt haben wir Werften, Fabriken für Chemikalien, Fischernetze, Reifen, die Inder haben Werkstätten errichtet, die sie an kleine Unternehmer vergeben. Sie fabrizieren Metallwaren, optische Linsen …"

„Wann kommst du aufs Wichtigste?" unterbrach Mario.

„Wir haben ein gutes Dutzend Brennereien und Destillen – neu gebaut, für Fenny."

An Mario gefiel mir besonders, daß er zu jedermann gleichbleibend freundlich war. Er kannte Hoch und Niedrig in seinem Goa. Eines Vormittags brachte er mich zum Chefminister. Als das Gespräch auf ein Goa-Buch kam, drängte er Mario: Fangen Sie bald damit an, demnächst haben wir Wahlen, und ob Ihnen danach die Congress-Partei noch Unterstützung geben kann … Er zuckte die Schultern im weißen Hemd, und ich dachte: Zerfall und Wandel überall …

Sogar beim Gouverneur erwirkte Mario eine Audienz für mich, nach dem Gespräch wurde mir der Palast gezeigt und die Suite, worin Indira gewohnt bei ihrem Besuch.

Für meinen letzten Tag vor dem Abflug in die Emirate hatte Mario sich etwas ausgedacht. Er machte mich mit einer Landsmännin bekannt, Gattin eines Portugiesen, der seinen Traum von einer Villa am Meer verwirklicht hatte. Fernando Perez da Costa war regionaler Direktor einer deutschen Luftfahrtgesellschaft. Er servierte auf seiner tennisplatzgroßen Terrasse Fenny vom Feinsten, und Madam und ich klinkten uns aus dem Gespräch der Herren aus und schwätzten auf deutsch, was mir nach langer Zeit wieder guttat. Nichts Politisches, einfach Erinnerungen an ihre Heimat, die sie lange nicht mehr gesehen hatte.

Als der Mond schon hoch stand, verabschiedeten wir uns. Der Hausherr brachte uns im Jeep durch den Sand zu unserem Auto, das neben einer Strandbude geparkt war. Sie hieß „Bar Pedro". Hippiemädchen drehten die braunen nackten Schultern im Rhythmus einer langsamen Musik. Viele trugen Blüten im Haar.

Mario umfing die Szene mit einem langen Blick, dann hob er den Kopf zum Himmel. „Dieser Himmel über Goa", sagte er leise, eindringlich. „Und der Mond. Eine einmalige Nacht, Richard. Deine letzte hier. Alle Mondnächte sind so zauberhaft in Goa. Aber jede ist unwiederbringlich durch das, was man tut. Laß uns einen allerletzten Fenny nehmen und reden ..."; da Costa fuhr mit dem Jeep davon, nachdem er beim Wirt der „Bar Pedro" einen kleinen Kanister Fenny bestellt hatte, selbstgebrannten, wenn ich richtig verstand. Wir tranken einige allerletzte. Mario sprach mit Wehmut über die Kultur des versinkenden Goa und über das Unaufhaltbare dieses Prozesses. Ich hörte zu und war mit den Gedanken weit weg. Eigentlich fühlte ich mich glücklich. Der Abstand zur Heimat war riesig, hier konnte mir nichts passieren. Der Inspektor schaute schweigend in den Mond, den er offenbar heute nacht duldete. Die Brandung wehte in Schüben warme Luft vom Strand herüber, so sanft wie die Musik, in deren Takt sich die Paare bewegten.

Die sanfte Stimmung wurde jäh durchschnitten von einem Bremsgeräusch. Der Inspektor holte seinen Blick vom Mond zurück und spähte übern Strand. „Ist das nicht da Costas Jeep?"

Eine Stimme rief meinen Namen, in deutscher Aussprache, dringlich: „Richard! Richard!" Nach einer Pause: „Seid ihr noch da – Mario?!"

Ich zuckte zusammen. Glück wird einem immer nur auf kurze Zeit gewährt.

Frau da Costa lief auf die „Bar Pedro" zu und rief: „Richard – der Honecker ist weg!"

Ich glaube, ich war nicht einmal sehr überrascht. Mir schoß der Gedanke durch den Kopf: So ist das also, wenn eine Epoche zu Ende geht … Mich wunderte nur, daß ich mir vorkam wie ein Außenstehender, den das alles nichts mehr angeht, ein unbeteiligter Beobachter.

Frau da Costa kam heran und dämpfte die Stimme, vom Laufen war sie außer Atem: „Ich hab die Spätnachrichten gesehen im TV, es war die Spitzenmeldung. Da hab ich zu Fernando gesagt: Richard muß es sofort erfahren. Wie ich Mario kenne, sitzen sie noch bei Pedro …"

Es war die Spitzenmeldung, die in dieser Nacht alle Agenturen rund um den Erdball erreichte: Honecker war „aus Krankheitsgründen" von allen Funktionen entbunden, Krenz sein Nachfolger. Mario erkundigte sich, wer das sei: Krenz.

Ich winkte ab. „Den kannst du gleich vergessen!" Und während der Kanister schon sehr schräg gehalten wurde beim Einschenken, dachte ich darüber nach, wie der Anfang nach dem Ende aussehen könnte. Würde nach dem Gesetz des Siegers alles geschleift? Stieß man Albuquerque samt Camões vom Sockel?

Wir fuhren heim, nahmen zum letzten Mal auf der Terrasse Platz, der Inspektor holte die Gläschen aus dem Küchendunkel und rückte sie auf dem Tisch im Mondlicht zurecht. Mario goß ein. „Cheers, Richard! Was für eine Nacht für dich. Du wirst sie nie vergessen. Etwas ist zu Ende, Neues wird folgen. Wie bei Schiwas Weltentanz – bevor das Neue beginnt, muß das Alte zertreten werden."

Wir tranken. Nach langen Schweigen sagte Mario: „Du siehst im Mondlicht zufrieden aus, aber zugleich – traurig?"

Mario hatte recht, genauso fühlte ich mich in dieser Nacht der Abschiede.

Der Inspektor hatte die ganze Zeit geschwiegen, jetzt näherte er sich seinem abendlichen Ausbruch. Er widmete ihn meinem Abschied. „Was für ein Hurenzustand, daß Mr. Richard abreisen soll, ohne je Fenny mit Limonensaft getrunken zu haben. Eine Schande für ganz Goa. Ich werde es nicht zulassen …"

Er stemmte sich aus seinem Korbstuhl hoch und machte Anstalten, ins Dickicht vor der Veranda einzubrechen. Mario wollte ihn bremsen: „Inspektor – wie willst du im Mondlicht Limonen finden?"

„Ich finde sie, beim heiligen Franz Xaver! Ich werde mir eine gottverdammte Mistkerze holen und diese Scheißlimonen erwischen, selbst wenn dieser Drecksmond mit seinem verhurten Licht nicht richtig leuchten kann …"

Das letzte Bild einer denkwürdigen Nacht: Der Inspektor näherte sich mit einer Kerze in der Hand wie bei einer Prozession. Stolpernd und fluchend zog er sich an den Zweigen des Limonenbaumes hoch und griff nach den kleinen goldgelben Monden im Blattwerk, verfehlte sie erst mehrmals. Stolz drückte er dann den Saft in unsere Gläser, bevor er mir zum letzten Mal die Schalter und Griffe im Schlafzimmer erklärte.

Am nächsten Vormittag brachten beide mich nach Dabolim Airport. Der Inspektor grüßte militärisch. Mario legte die Hand aufs Herz. „Viel Glück, Richard, bei allem, was kommt. Und vergiß Goa nicht."

Der Rest ist schnell erzählt. In Abu Dhabi hielt ich mich nur kurz auf, obwohl es die großartigsten Möglichkeiten bot für Küstenspaziergänge, zum Beispiel über die Corniche, kilometerweit, das Meer zur Seite, unbelästigt von Bettlern, die nirgends zu bemerken waren. In Dubai blieb ich noch kürzer, auch da hätte es interessante Spaziergänge gegeben, am Creek entlang, am Hafen, wo die riesigen altmodischen Segler festmachen, die Dhaus.

Ich merkte, ich war in sehr reichen Staaten, Weltspitze im Dollar-pro-Kopf-Einkommen. Arabia felix – die Menschen zahlten keine Steuern, keine Abgaben, Ausbildung war kostenlos, für Unbemittelte und Alte zahlte der Staat. War das nicht genau das, was wir uns unter Sozialismus vorstellten? Ein weißhaariger Mufti, ins Gespräch mit ihm ließ ich die

Frage einfließen, wiegte abwägend den Kopf: „Vergessen Sie nicht, die Arabische Halbinsel besitzt die reichsten Vorkommen an Erdöl und Erdgas auf der ganzen Welt. So" – er schlug die geballte Rechte in den linken Handteller, was seine Aussage wie mit einem Schuß unterstrich – „und nur so lassen sich Sozialprogramme bezahlen. Eine Lehre allein schafft weder Reichtum, noch macht sie satt."

Auch ein zweites, eher beiläufiges Gespräch machte mich nachdenklich. Der Fahrer eines schwarzen langen Mercedes entschuldigte sich für seine Eile – er müsse heute noch seine Tochter ins Krankenhaus bringen. Bezahlbar? wollte ich wissen. Kostenlos, sagte er und gab ungefragt Auskunft über seine Regierung: „Der Sultan ist ein guter Mann. Er hat für uns Verständnis. Sie können ohne weiteres mit ihm reden, wirklich." Allah! murmelte ich und dachte an die Bürgernähe unserer vom Volk abgeschotteten Jägermeister. Ich konnte mich nicht erinnern, in vierzig Jahren von einem Berliner Taxifahrer so warmherzige Aussagen über Honecker, Ulbricht, das Politbüro gehört zu haben.

Einen Schock versetzte mir der Goldmarkt von Dubai, einen reicheren sah ich weder auf dem berühmten Chandni Chowk von Calcutta noch auf dem nicht weniger berühmten Bazar von Alexandria. Die nach Zentnern wiegenden Schmuckstücke in den Auslagen vor Augen, dachte ich an das zähe Ringen mit meinem Zahnarzt um eine Goldkrone …

Vor dem Abflug in Dubai kaufte ich ein Nachrichtenmagazin. Nicht, daß ich umstürzende Meldungen erwartet hätte, seit der Nacht von Goa war für mich alles entschieden. Tatsächlich fesselte mich in dem Heft am meisten, daß ein Zensor auf allen Anzeigenseiten nackte weibliche Rundungen, und deren gab es viele, mit schwarzer Tusche übermalt hatte!

In Berlin landete ich rechtzeitig, um zu der Demonstration auf dem Alexanderplatz zurechtzukommen. Mein Land war also untergegangen, das östliche System kollabierte. Erinne-

rung an Marios Shiwa-Parabel – irgend etwas würde nach-
kommen. Was?

Den Sommer darauf saß ich wieder am Strand von Prerow.
Die Brandung rollte unermüdlich an, Urbild für das Ineinander von Beständigkeit und Wechsel. Wie so oft schon sagte
ich mir Benns Ausspruch her: „Sich abfinden und gelegentlich auf Wasser sehen" …

Die Deutsche Bibiliothek CIP - Einheitsaufnahme

Christ, Richard:
Küstenspaziergänge / Richard Christ. - 1. Aufl. -
Rostock : Hinstorff, 2000
ISBN 3-356-00805-6

© Hinstorff Verlag GmbH, Rostock 2000
2. Auflage 2001
Schutzumschlag: Dietmar Arnhold
Druck und Bindung: Wiener Verlag Ges.m.b.H.
Printed in Austria
ISBN 3-356-00805-6